VON A NACH B

EIN CARTOON-RATGEBER

FÜR DIE FORTBEWEGUNG MIT DEM FAHRRAD

DAVE WALKER

covadonga

Die Originalausgabe dieses Buches erschien unter dem Titel
»From A to B: A Cartoon Guide to Getting Around by Bike« bei Bloomsbury Sport, London.
Bloomsbury Sport ist ein Teil der Unternehmensgruppe Bloomsbury Publishing Plc.

Dave Walker:
VON A NACH B
Ein Cartoon-Ratgeber für die Fortbewegung mit dem Fahrrad

Covadonga Verlag, Spindelstr. 58, D-33604 Bielefeld
ISBN 978-3-95726-065-9

Übersetzung aus dem Englischen: Rainer Sprehe

Druck und Bindung: Westermann Druck Zwickau GmbH
1. Auflage, 2022

MIX
Papier aus verantwortungsvollen Quellen
FSC® C110508

Bibliografische Information der Deutschen Nationalbibliothek:
Die Deutsche Nationalbibliothek verzeichnet diese Publikation in
der Deutschen Nationalbibliografie; detaillierte bibliografische
Daten sind im Internet über http://dnb.dnb.de abrufbar.

Covadonga ist der Verlag für Radsportliteratur.
Besuchen Sie uns im Internet: *www.covadonga.de*

INHALT

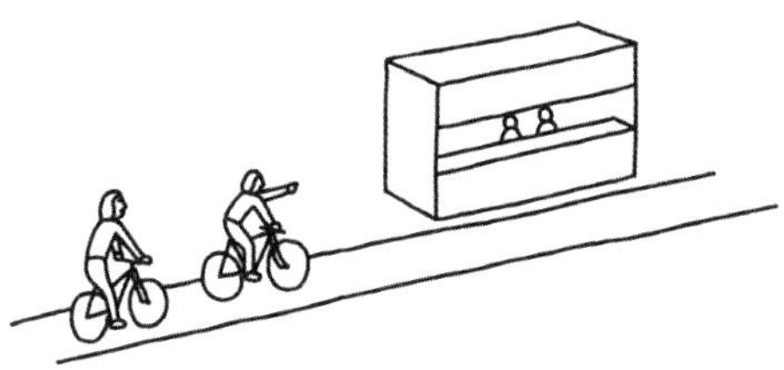

KAPITEL I

RADFAHREN IST TOLL

HÖHEN UND TIEFEN DER FORTBEWEGUNG MIT DEM RAD

EINLEITUNG

HALLO UND HERZLICH WILLKOMMEN! IN DIESEM BUCH GEHT ES UM DIE FORTBEWEGUNG

VON A

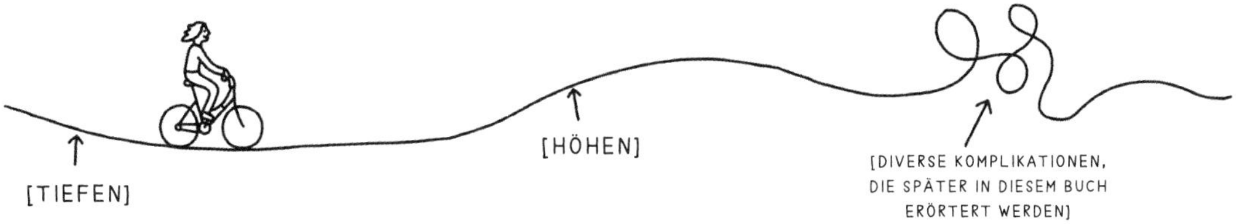

NACH B

UND ZWAR MIT DEM FAHRRAD

(ODER MIT EINER ANDEREN ART VON PEDALGETRIEBENEM GEFÄHRT MIT EINER ABWEICHENDEN ZAHL VON RÄDERN) →

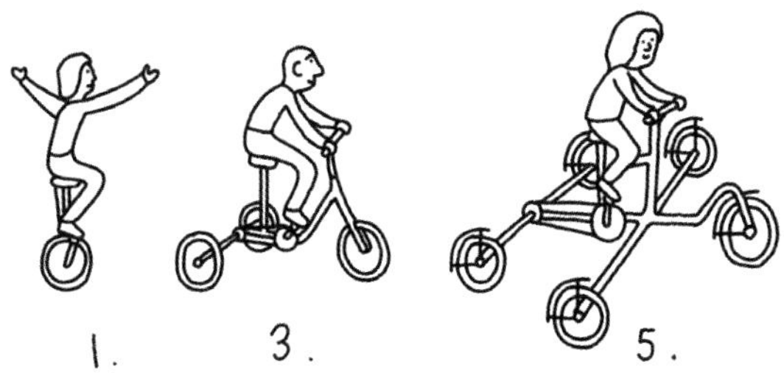

WENN SIE SICH EHER FÜR DIE SPORTLICHEN ASPEKTE DES RADFAHRENS UND FÜR RADRENNEN INTERESSIEREN, WERDEN SIE VERMUTLICH DENNOCH FREUDE AN DIESEM BUCH HABEN

ICH WÜRDE SIE NUR HÖFLICH BITTEN, IHRER LEIDENSCHAFT FÜRS RENNENFAHREN SO LANGE AUF EINEM HOLLANDRAD NACHZUGEHEN

IN DIESEM BUCH

EINLEITENDE BEMERKUNGEN (FORTSETZUNG)

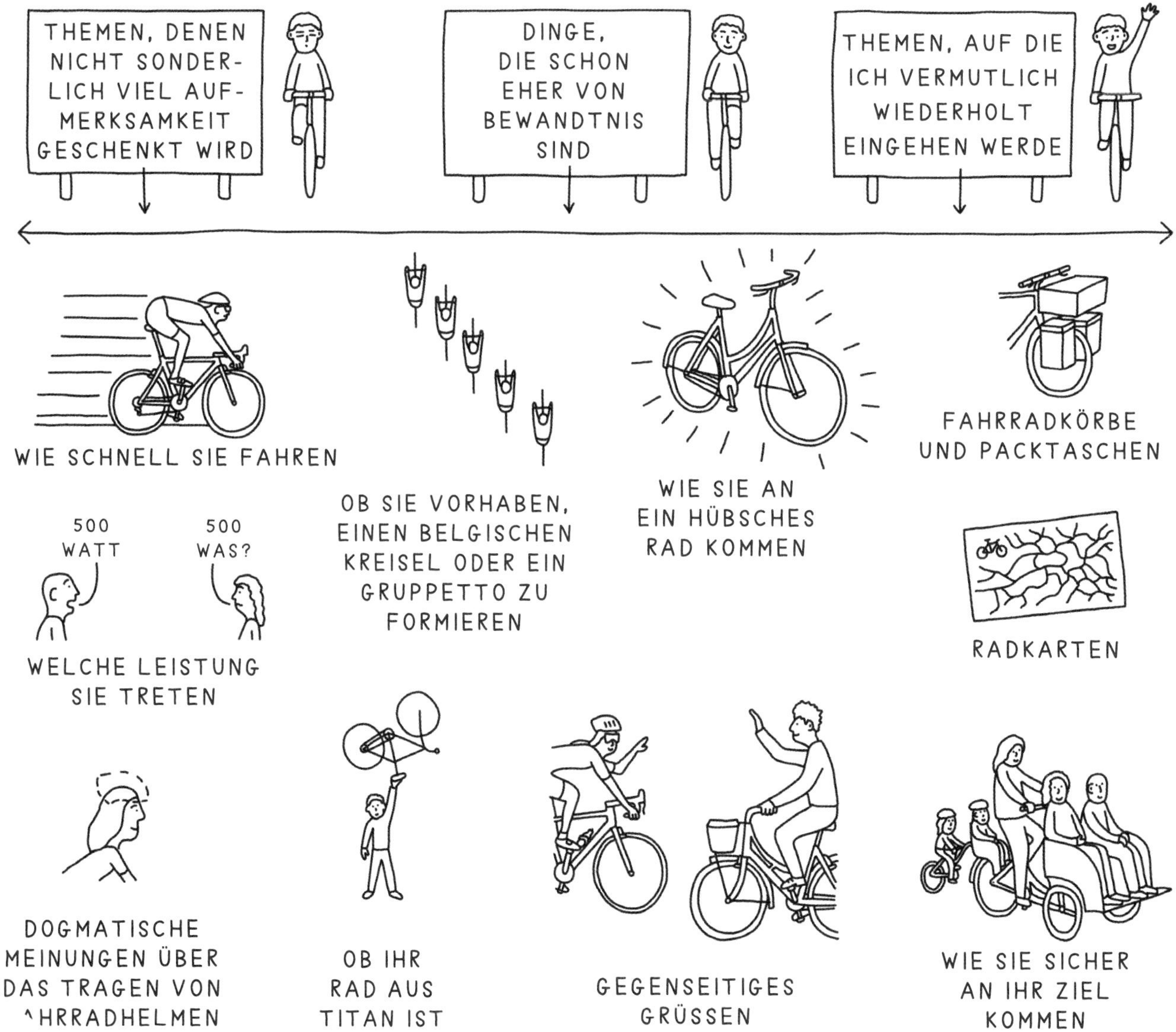

VON A NACH B

DIE VORTEILE DER FORTBEWEGUNG MIT DEM FAHRRAD

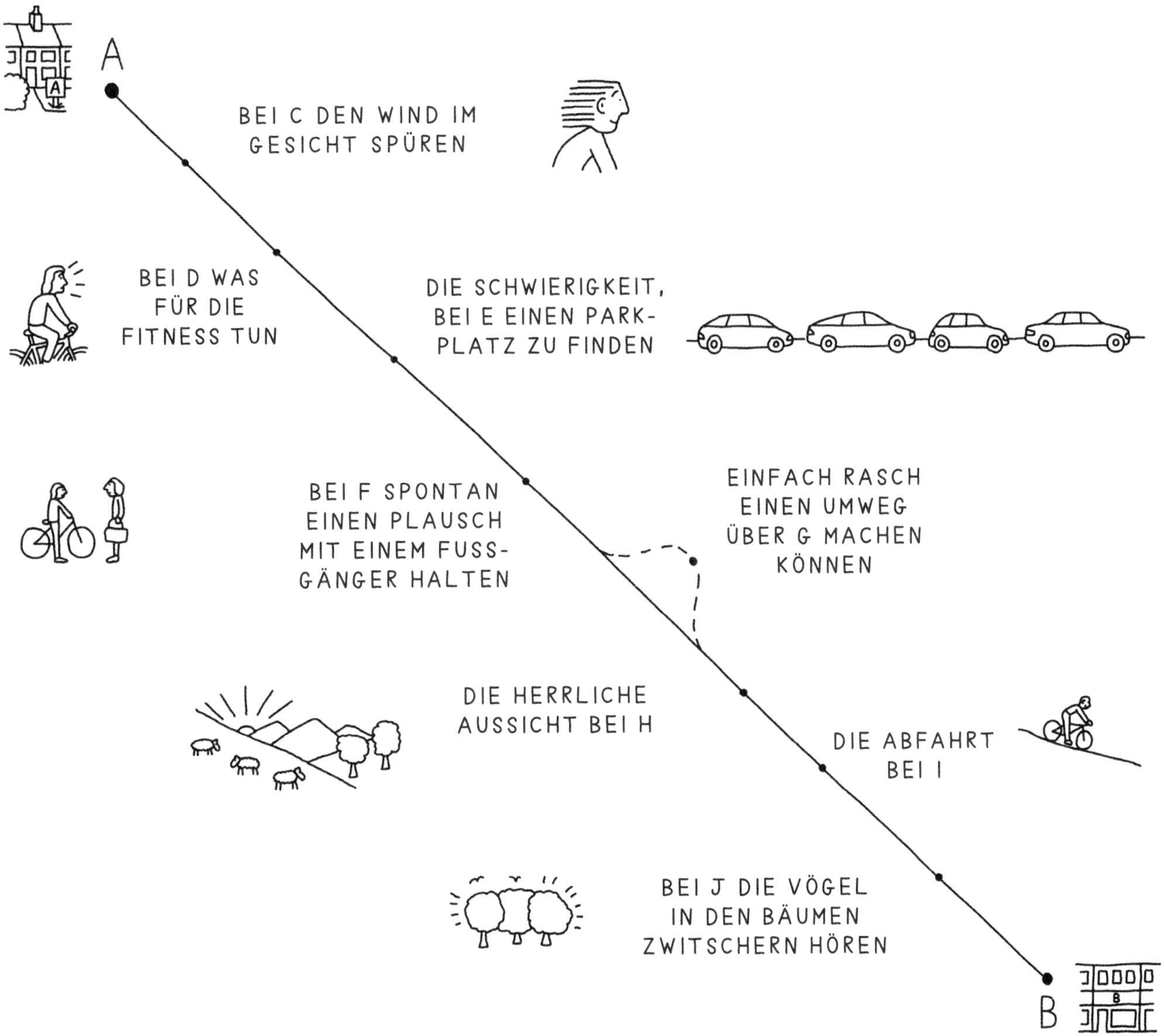

MULTITASKING

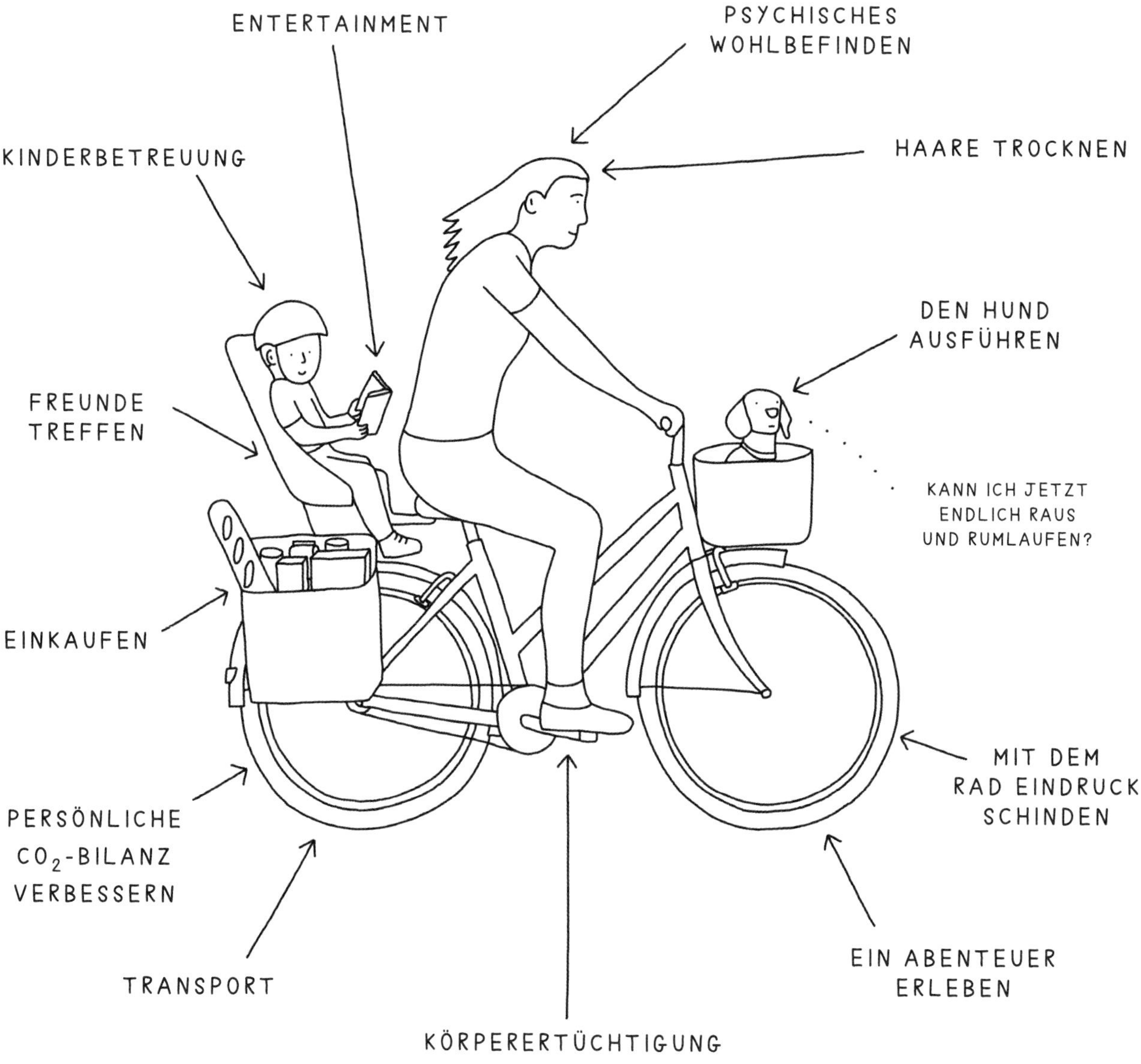

WORÜBER ICH NACHDENKE

WENN ICH RAD FAHRE

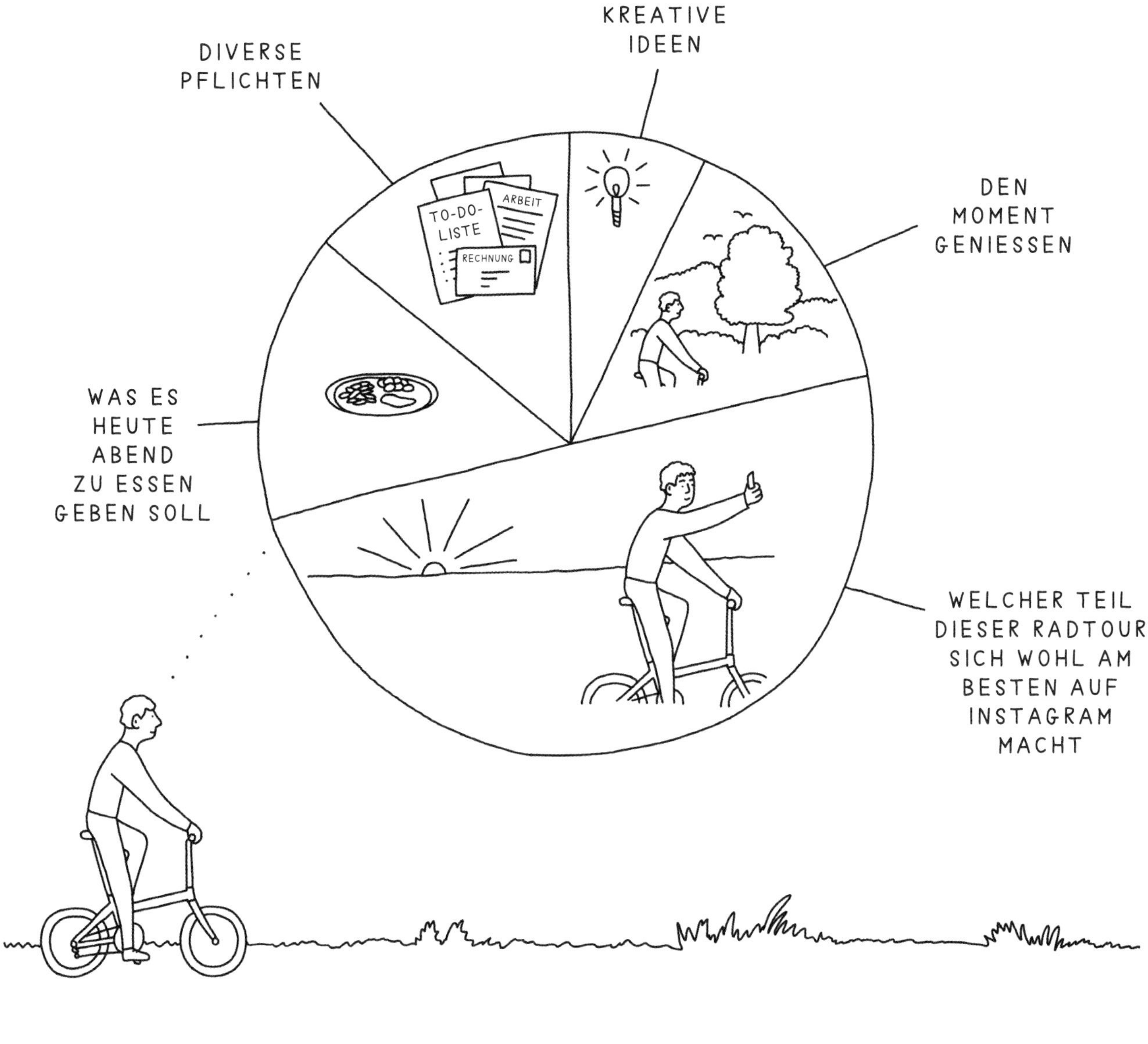

FREUNDE

ZUM GEMEINSAMEN RADFAHREN

DER STILSICHERE JAMES

DIE ZUVERSICHTLICHE EVA

DER PERFEKT VORBEREITETE ASIM

DIE HANDWERKLICH GESCHICKTE AMY

DIE SCHNELLE SARAH

DIE ORTSKUNDIGE ZOE

DER REDSELIGE MARIO

DIE ENTSPANNTE CLARA

DER WACKLIGE PHIL

FAMLIENFREUDEN

RADFAHREN MIT KINDERN

OHNE EIGENE RÄDER

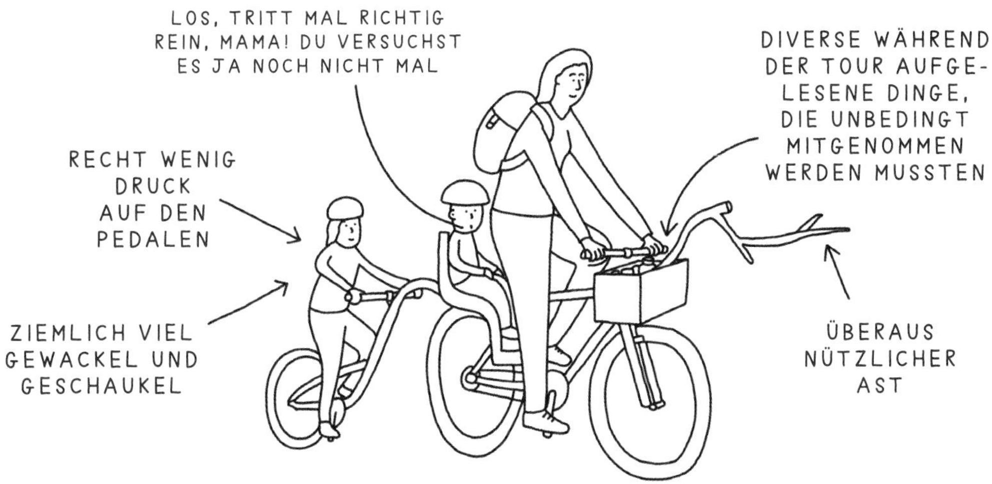

MIT EIGENEN RÄDERN

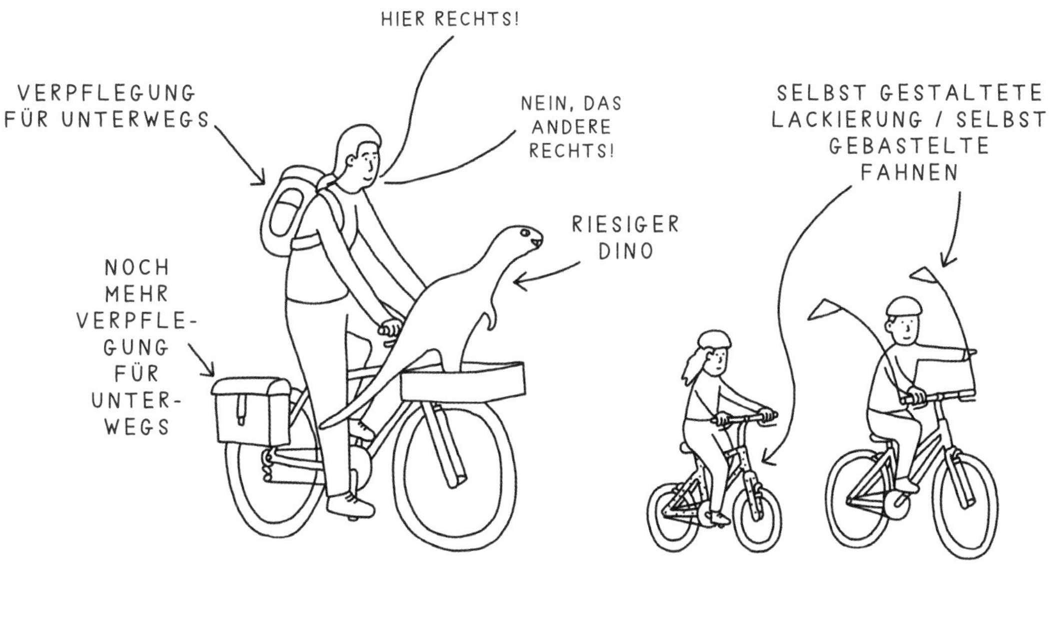

DER ARBEITSWEG

MIT DEM FAHRRAD

MAN MUSS SICH NICHT
MIT ANDEREN PENDLERN
ZUSAMMENPFERCHEN LASSEN

MAN WEISS VORHER, WIE LANGE
DER ARBEITSWEG DAUERT

EINE GUTE GELEGENHEIT, ETWAS TRAINING
IM TAGESABLAUF UNTERZUBRINGEN

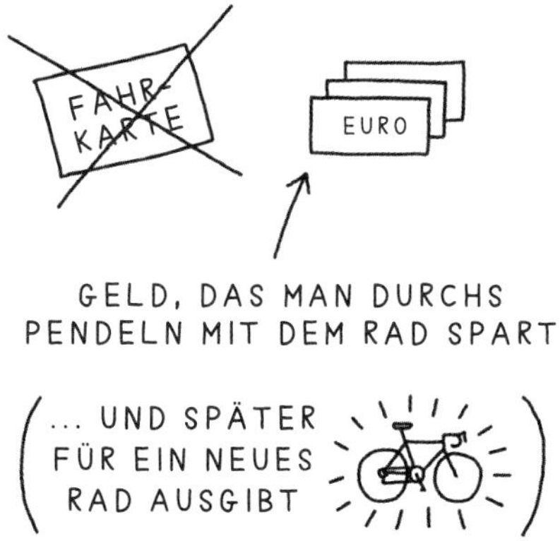

ES SPART BARES GELD

BEI DER ARBEIT

WIE MAN KOLLEGEN ERKENNT, DIE MIT DEM FAHRRAD KOMMEN

VERWENDET PACKTASCHEN
STATT EINER LUNCHBOX

ÖLVERSCHMIERTE
HÄNDE

HAARE GLEICHZEITG
PLATT UND WINDZERSAUST

HÄLT AUCH IM FLUR
DIE RICHTIGE LINIE

NERVÖSE BLICKE
DURCHS FENSTER
AUFS WETTER

SCHREIBTISCH ÜBERSÄT
MIT AUFZULADENDEN
ZUBEHÖRGERÄTEN

EINKAUFEN MIT DEM FAHRRAD

ÜBERLEGEN SIE SICH GUT,
WO SIE EINKAUFEN

NEHMEN SIE EIN
GUTES SCHLOSS MIT

STATTEN SIE IHR RAD MIT
PACKTASCHEN, EINEM KORB
ODER EINER KISTE AUS

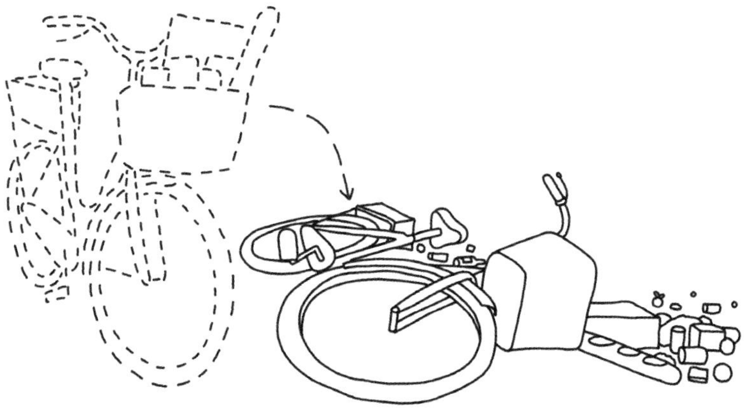

ABER ARBEITEN SIE AUCH AN IHRER
BALANCE UND RADBEHERRSCHUNG

ROMANTIK

AUF DEM RAD

DER BLICK AN DER AMPEL

DIE BEGEGNUNG IM FAHRRADLADEN

DAS DATE AUF DEM
GEMEINSAMEN RAD- UND FUSSWEG

DIE PELOTON-HOCHZEIT

ANSTIEGE

GEDANKEN, DIE BEIM BERGAUFFAHREN MOTIVIEREN

DU PACKST DAS

NICHT MEHR WEIT BIS OBEN

DIE AUSSICHT AM GIPFEL SOLL GRANDIOS SEIN

DAS MAG JA FURCHTBAR ANSTRENGEND SEIN, ABER DENK NUR AN DIE ABFAHRT

ES GIBT KEINEN PREIS FÜR DIE SCHNELLSTEN*

* BEI GEWISSEN GELEGENHEITEN GIBT ES DIE NATÜRLICH SEHR WOHL

NICHT GANZ SO MOTIVIERENDE GEDANKEN (DIE ABER UNTER UMSTÄNDEN AUCH HILFREICH SEIN KÖNNEN)

SCHON MAL DRAN GEDACHT, IN EINEN KLEINEREN GANG ZU SCHALTEN?

WIE WÄRE ES EIGENTLICH MIT EINEM E-BIKE?

VOR EIN PAAR JAHREN WÄRST DU HIER NOCH PROBLEMLOS HOCHGESTIEFELT

REIFENPANNEN

ZWÖLF SCHRECKLICHE DINGE, DIE EINEN PLATTEN HERVORRUFEN KÖNNEN

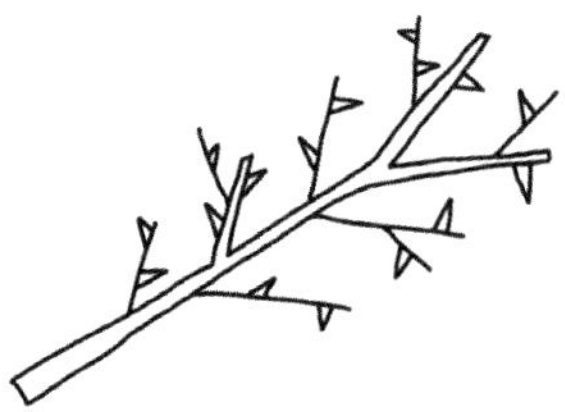

HECKENSCHNITT

DER VERSUCH, FRÜHERE REIFEN-DEFEKTE ZU BEHEBEN

SCHLAGLOCH

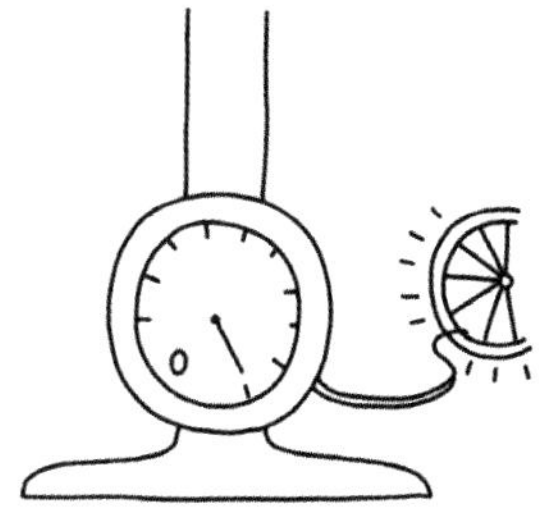

FALSCHER REIFENDRUCK

HEFTZWECKE

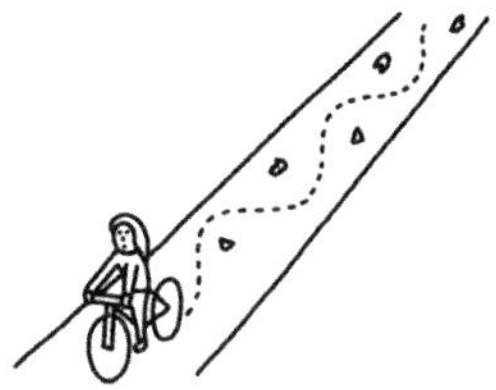

SCHERBEN AUF UNGEFEGTEM RADWEG

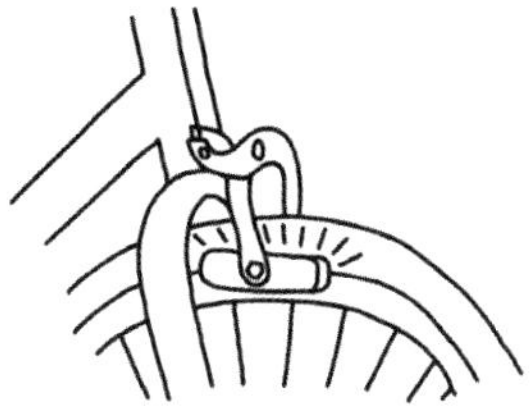

AM REIFEN SCHLEIFENDE BREMSBELÄGE

EIN KLITZEKLEINES STEINCHEN

SABOTAGE

NAGELSPERRE

REIFENVERSCHLEISS AUFGRUND DER SCHIEREN KILOMETER-LEISTUNG

MISTGABEL EINES ANTI-RADWEG-AKTIVISTEN

IHR FAHRRAD

WARUM ES KAPUTT ZU SEIN SCHEINT

MISSGLÜCKTER STUNT

ZU VIELE LEUTE MITGENOMMEN

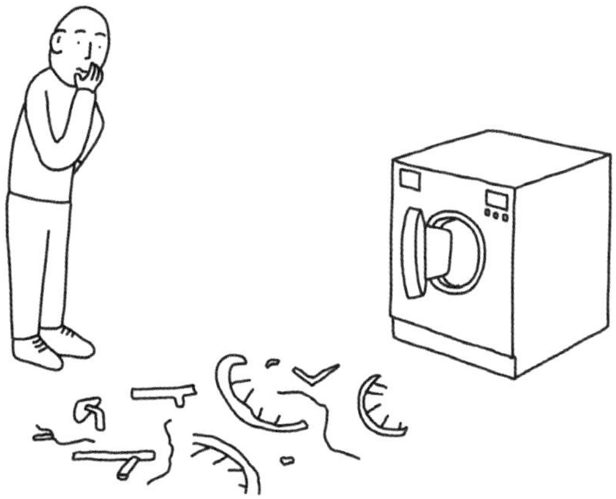

ÜBERMOTIVIERTE REINIGUNG

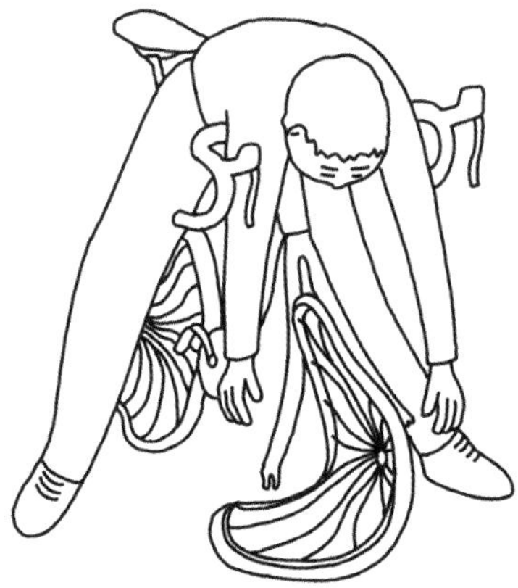

ALLGEMEINER VERSCHLEISS

DER FAHRRADMECHANIKER

...UND DIE KUNDEN VON HEUTE

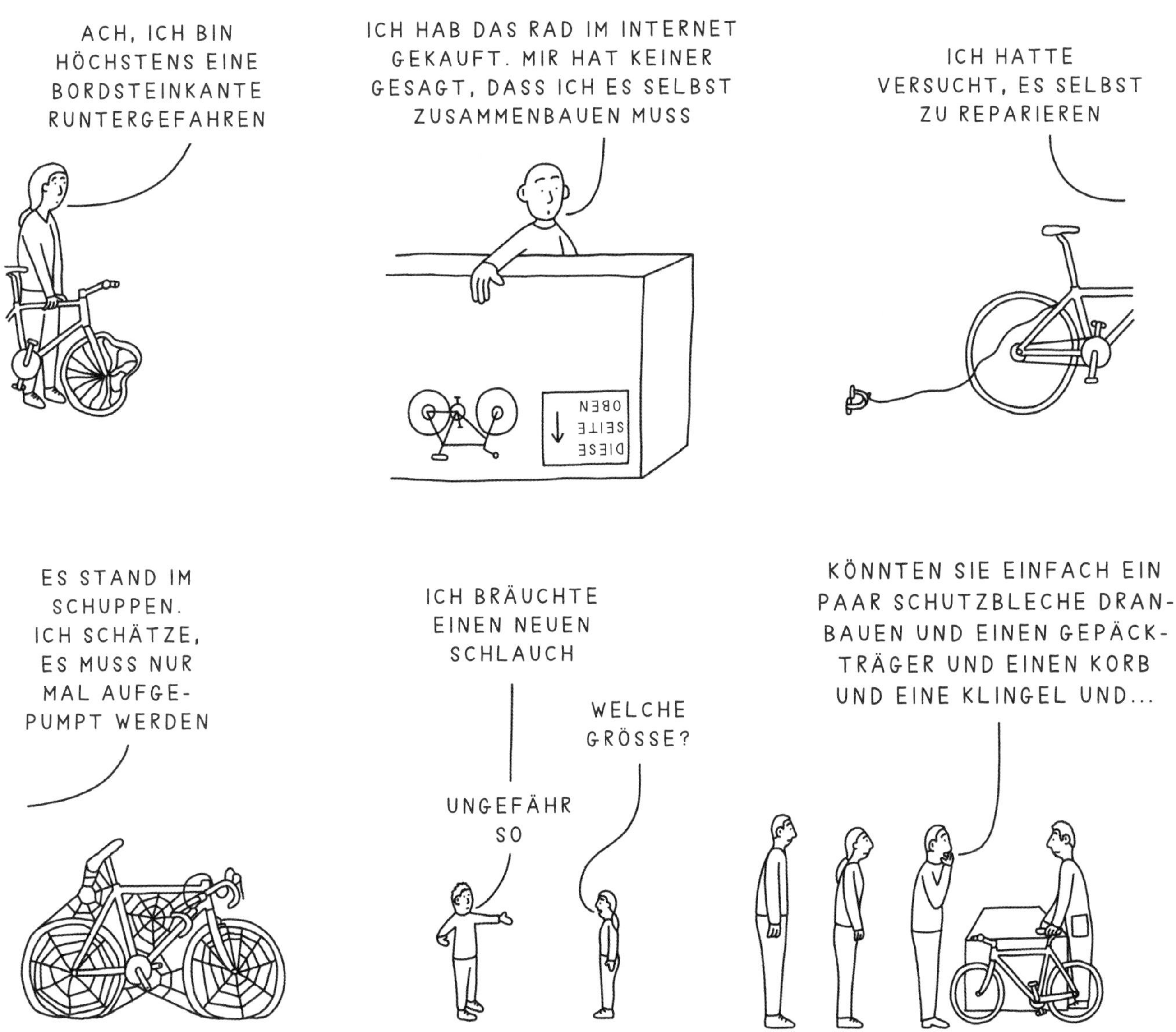

HELMTRÄGER

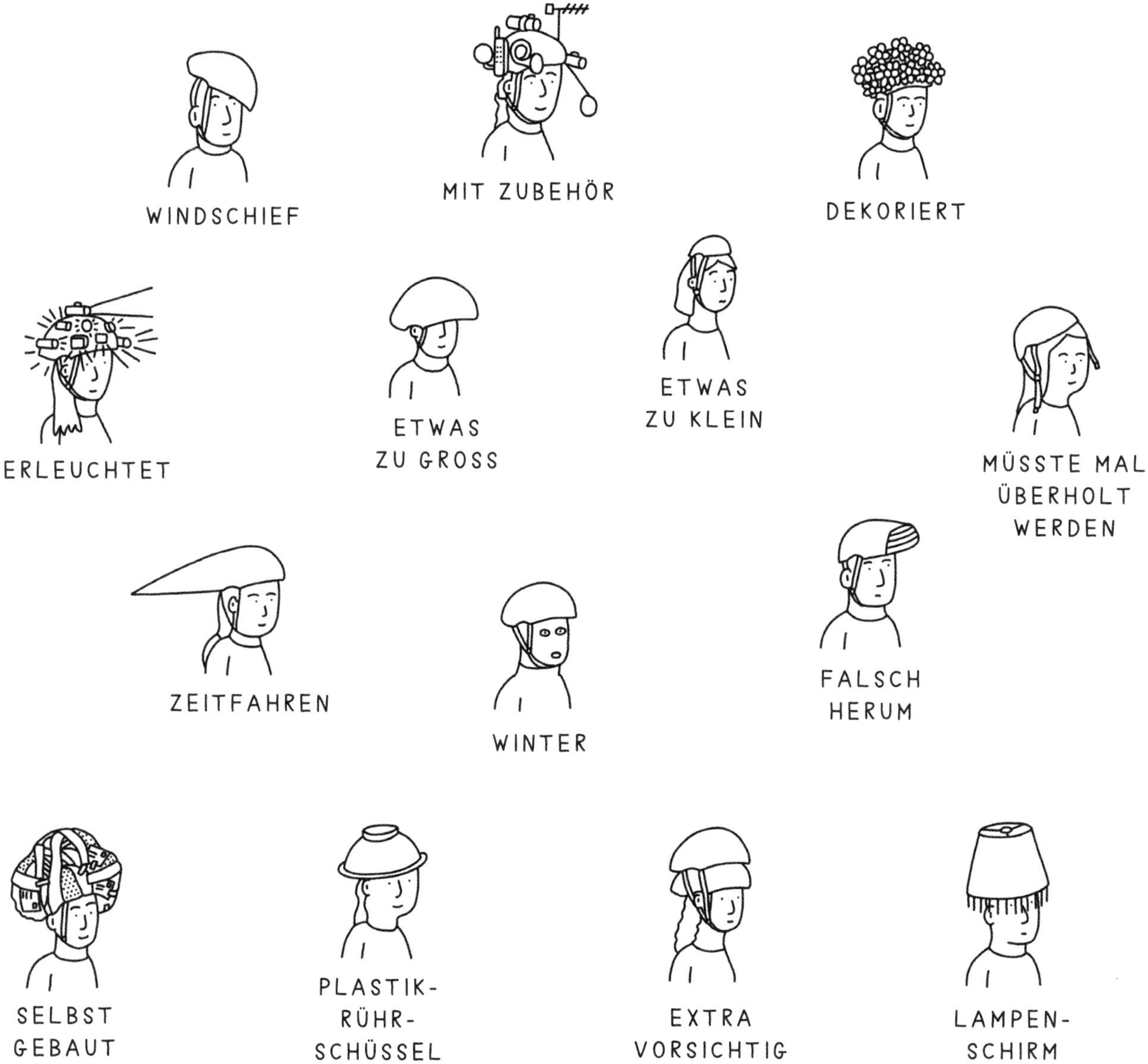
WINDSCHIEF
MIT ZUBEHÖR
DEKORIERT
ERLEUCHTET
ETWAS ZU GROSS
ETWAS ZU KLEIN
MÜSSTE MAL ÜBERHOLT WERDEN
ZEITFAHREN
WINTER
FALSCH HERUM
SELBST GEBAUT
PLASTIK-RÜHR-SCHÜSSEL
EXTRA VORSICHTIG
LAMPEN-SCHIRM

WIE ERNST IST ES IHNEN?

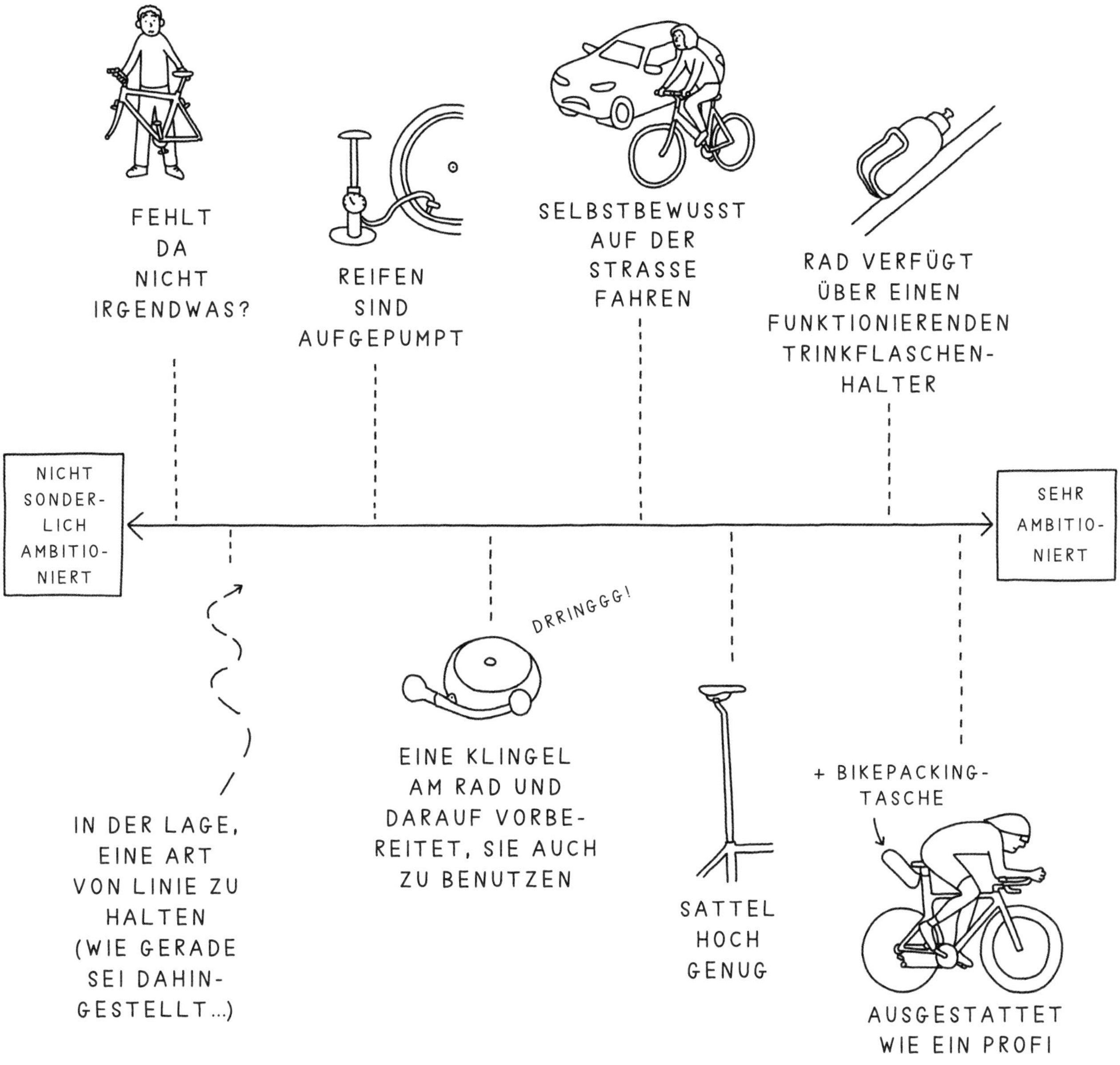

DIE EVOLUTION

EINES RADFAHRERS

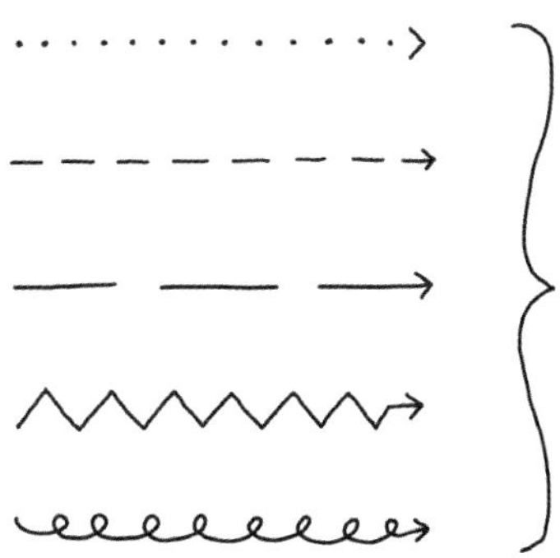

DIVERSE ALTERNATIVE ENTWICKLUNGS-PFADE

PLATZ FÜR GEGENSTIMMEN ZU DIESEM KONZEPT

DA FEHLT XY [RAD-GATTUNG BITTE EINTRAGEN]

ICH FAHRE ALLE DIESE RÄDER

[ETC.]

WARUM WIR DAS RADFAHREN LIEBEN

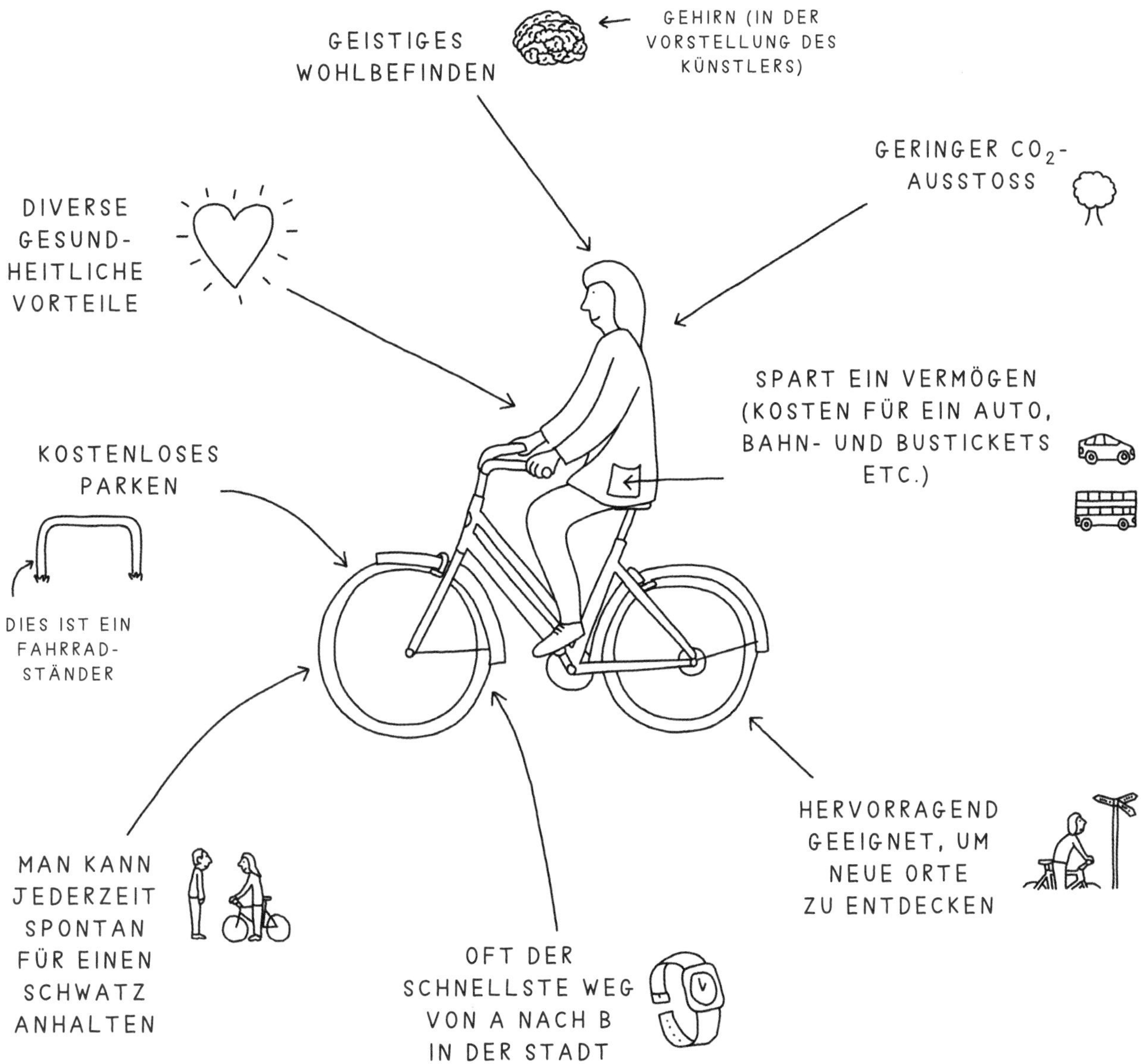

KAPITEL 2

ERSTE SCHRITTE

RADFAHREN FÜR ANFÄNGER

WIE MAN RAD FÄHRT

BESORGEN SIE SICH EIN GUT GEWARTETES RAD, DAS NICHT ZU GROSS IST

FINDEN SIE EINEN RUHIGEN ORT OHNE VERKEHR

SETZEN SIE SICH AUFS RAD UND SCHIEBEN SIE SICH MIT DEN ZEHEN VORAN

STELLEN SIE EINEN FUSS AUFS PEDAL UND SCHIEBEN SIE SICH MIT DEN ZEHEN DES ANDEREN FUSSES VORAN

STELLEN SIE AUCH DEN ZWEITEN FUSS AUFS PEDAL, UND LOS GEHT'S!

STUDIEREN SIE TRICKS, RENNENTSCHEIDENDE ATTACKEN ETC. EIN

DER FAHRRADLADEN

EIN ÜBERSICHTSPLAN FÜR ERSTBESUCHER

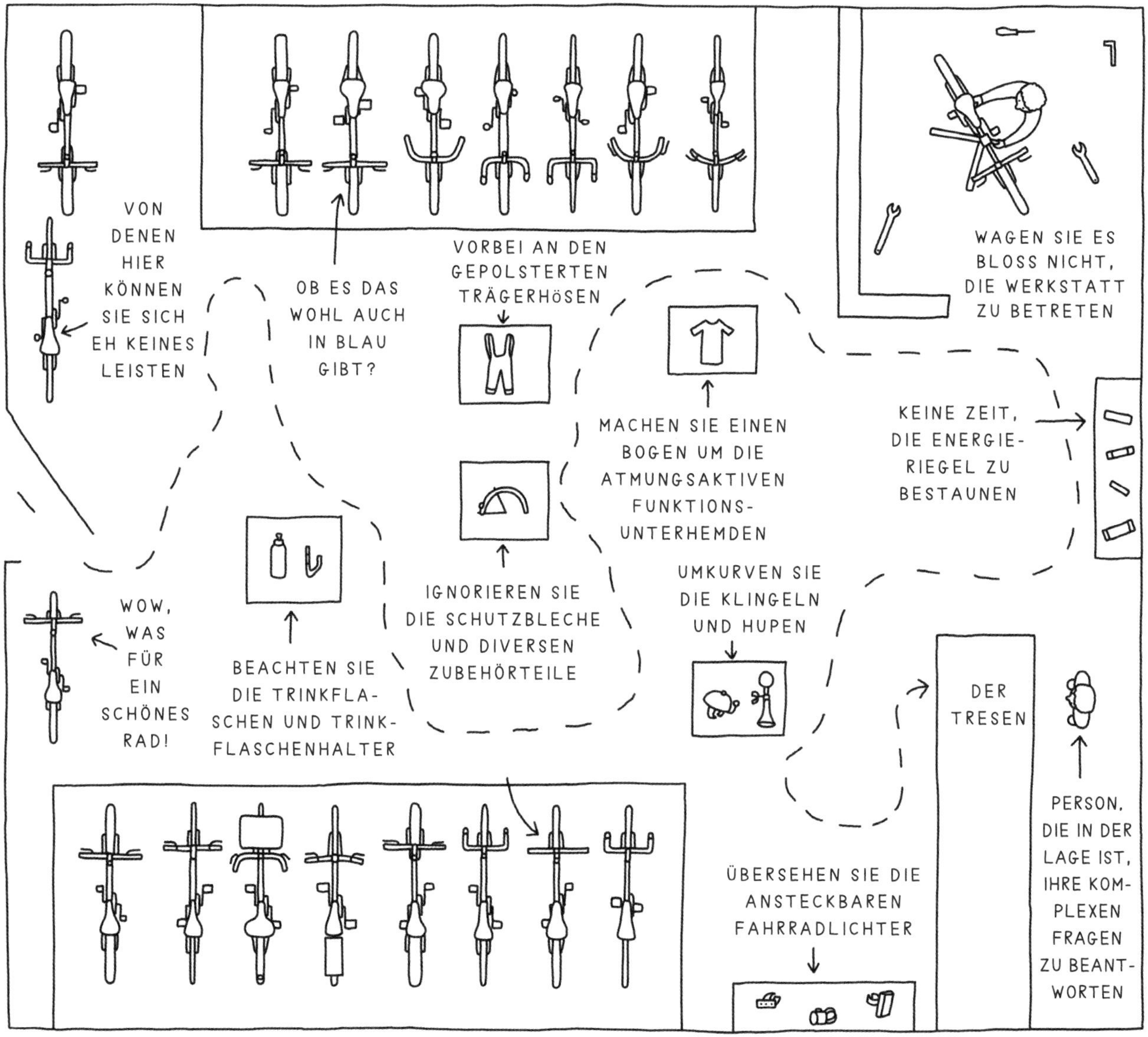

GEBRAUCHTRÄDER

WAS KLEINANZEIGENTEXTE WIRKLICH BEDEUTEN

»MÜSSTE NUR GEPUTZT WERDEN«

»MÜSSTE MAL GEWARTET WERDEN«

»LIEBHABEROBJEKT«

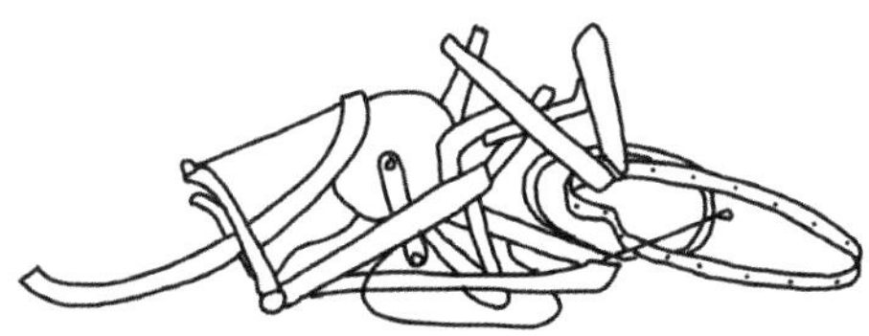

»FÜR TÜFTLER«

RADFAHREN MIT KLEINEM BUDGET

EIN PAAR IDEEN, UM LOSLEGEN ZU KÖNNEN, OHNE ALLZU VIEL GELD AUSZUGEBEN

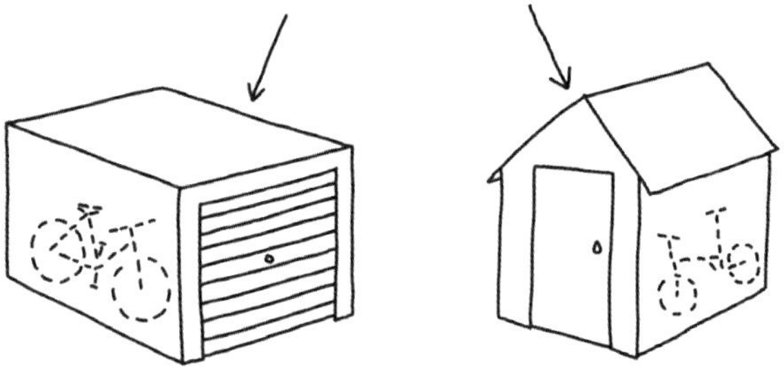

HÖREN SIE SICH DOCH MAL UM, OB EINER IHRER VERWANDTEN ODER FREUNDE EIN RAD ÜBERHAT, DAS ER NICHT WIRKLICH BRAUCHT

ES GIBT AUCH AUF DEM GEBRAUCHT-MARKT SEHR GUTE FAHRRÄDER

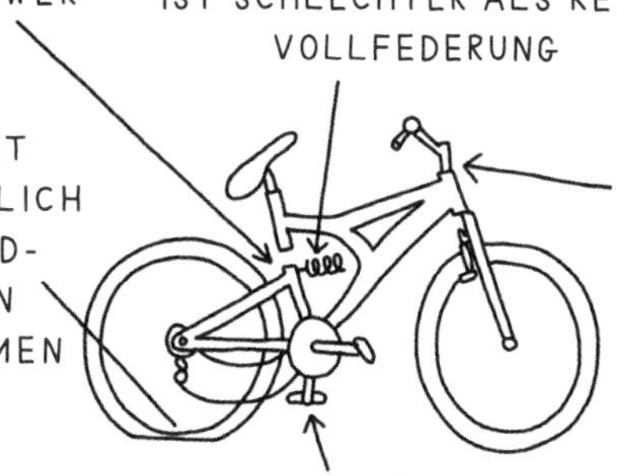

HÜTEN SIE SICH LIEBER DAVOR, EIN SUPERBILLIGES RAD IM INTERNET ODER IM SUPERMARKT ZU KAUFEN

IHR RAD MUSS NICHT MIT DEM NEUSTEN UND TOLLSTEN SCHNICK-SCHNACK AUSGESTATTET SEIN, DAMIT SIE SPASS AM RADFAHREN HABEN

ZUBEHÖRTEILE

DIE NACH EINEM BESUCH IM FAHRRADLADEN ANZUBRINGEN SIND

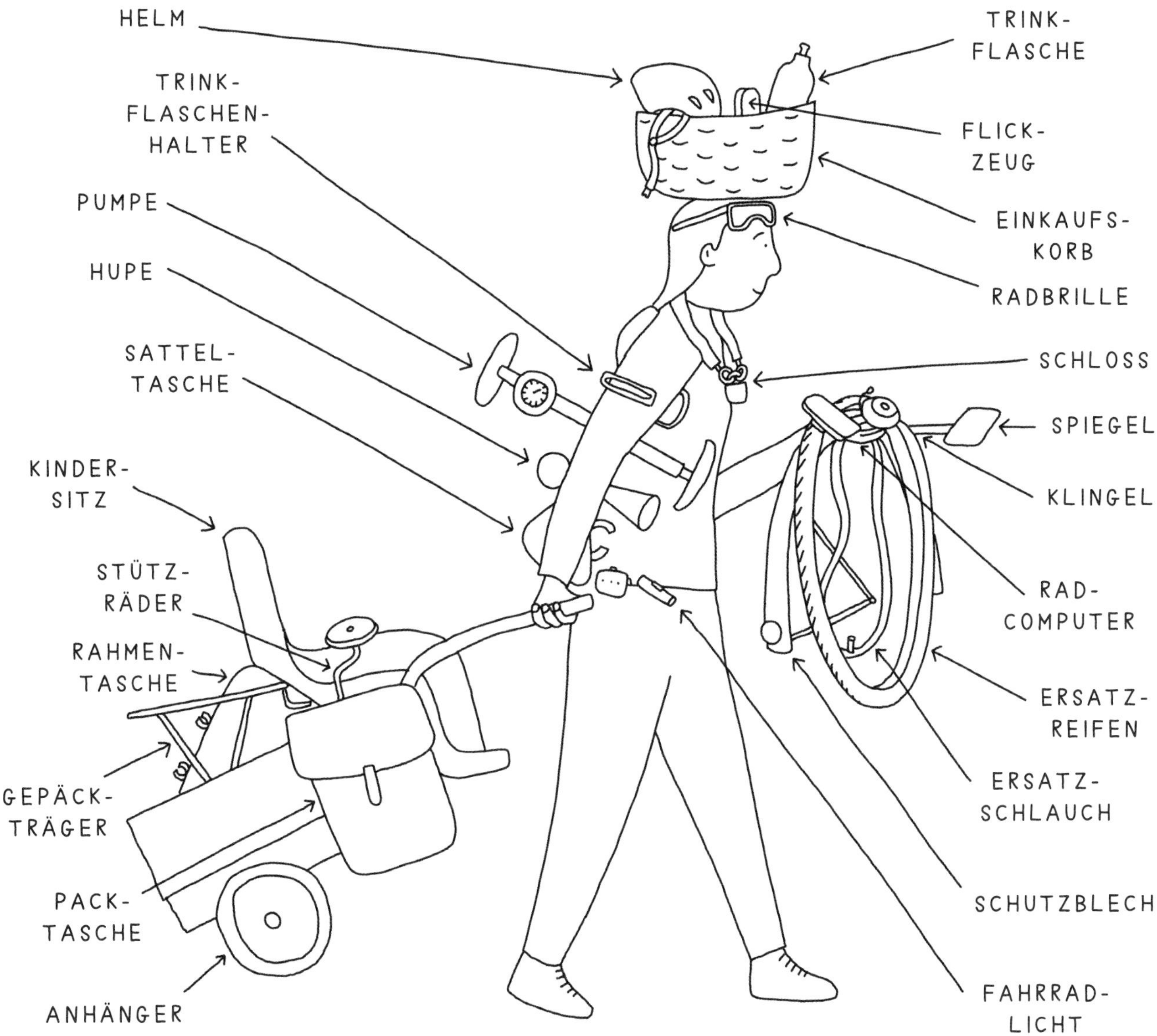

DIE RICHTIGE KLEIDUNG

FÜRS RADFAHREN

NORMALE KLAMOTTEN

KEIN UMZIEHEN ERFORDERLICH / WENIGER GETUE

VOM RAD STEIGEN UND DIREKT VOLL EINSATZBEREIT SEIN

EINIGE MENSCHEN FÜHLEN SICH IN LYCRA EINFACH UNWOHL

SIEHT ETWAS WENIGER ROBOCOP-MÄSSIG AUS

SPEZIAL-OUTFIT

SPÜRBAR BEQUEMER (GEPOLSTERT / ATMUNGSAKTIV)

SCHNELLER (AERODYNAMISCHER / ERMÖGLICHT EFFIZIENTERES TRETEN)

DIE VEREINS- ODER TEAMFARBEN REPRÄSENTIEREN

ES KÖNNEN SICH DEUTLICH WENIGER DINGE VERHEDDERN

KURZ & KNAPP ZUSAMMENGEFASST: BEIDES HAT SEINEN PLATZ. TRAGEN SIE EINFACH, WAS SIE WOLLEN. UND LASSEN SIE SICH VON NIEMANDEM EINREDEN, ES WÄRE FALSCH.

EIN KLEID TRAGEN

WÄHREND MAN RAD FÄHRT

PROBLEME

NICHT GERADE VORTEILHAFT FÜR DIE AERODYNAMIK

WIRD STÄNDIG HOCHGEWEHT

VERHEDDERT SICH SCHNELL IM ANTRIEB

EINE EINFACHE LÖSUNG (NOCH IN DER FRÜHPHASE DER ENTWICKLUNG) →

KLICKPEDALE

WAS MAN DABEIHABEN MUSS

UND WAS MAN STATTDESSEN TUN KANN, WENN MAN ES VERGESSEN HAT

AUSRÜSTUNG	ALTERNATIVE	AUSRÜSTUNG	ALTERNATIVE
WASSER	SUCHEN SIE EINEN GEBIRGSBACH	ERSATZSCHLAUCH	STOPFEN SIE GRAS IN DEN REIFEN (HEY, DAS IST MEIN RASEN!)
HANDY	PROBIEREN SIE ES MIT DIGITAL DETOX	ESSEN	GRÜNFUTTER
SCHLOSS	BAUEN SIE WICHTIGE TEILE AB	WERKZEUG	FRAGEN SIE EINEN PASSANTEN (HÄTTEN SIE ZUFÄLLIG EINE KETTENPEITSCHE FÜR MICH?)
LICHT	BRANDFACKEL	HANDSCHUHE	SOCKEN (DEZENT KALTE FÜSSE)
RADHOSE MIT SITZPOLSTER	IMPROVISIEREN (GEFALTETE JACKE)	BARGELD FÜR NOTFÄLLE	TAUSCHHANDEL

DER RINNSTEIN

EIN KURZER LEITFADEN

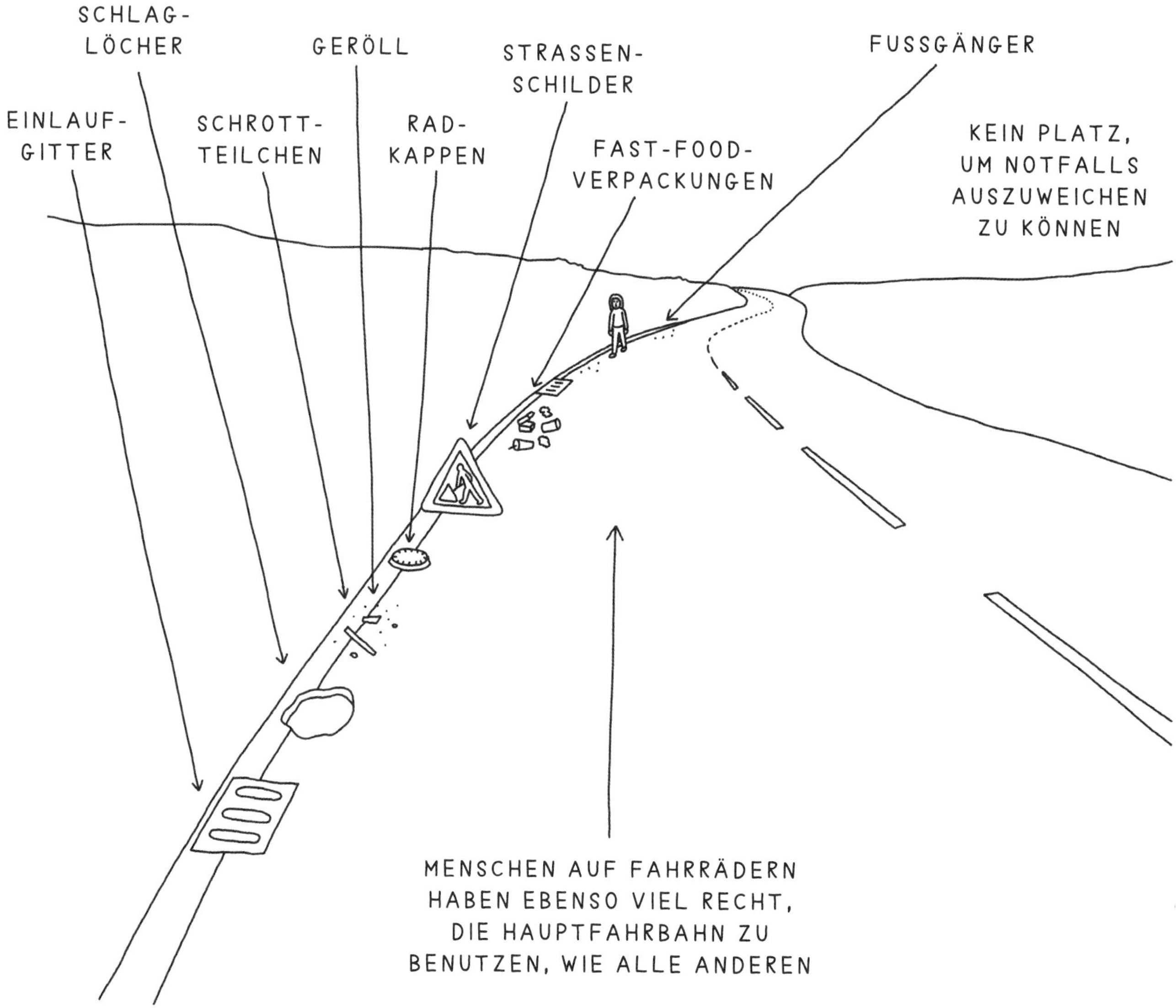

DAS FAHRRAD ABSCHLIESSEN

BLÖD ———————————————— SUPER

AN SICH SELBST

SELBST EIN WENIG TALENTIERTER FAHRRADDIEB KÖNNTE ES EINFACH SO WEGTRAGEN

STRASSEN-SCHILD

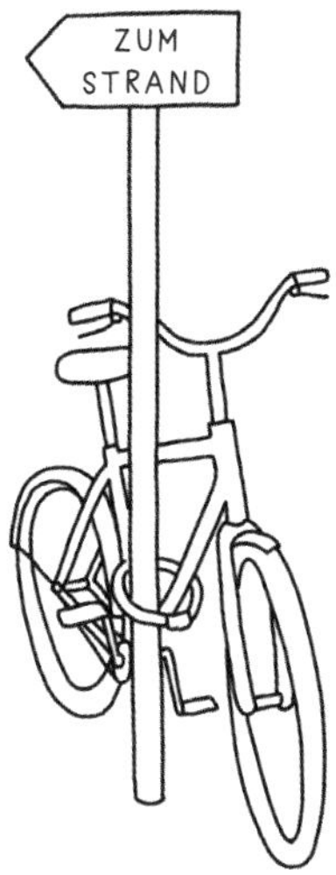

ES WÄRE EIN LEICHTES, ES ÜBER DAS SCHILD HINWEGZUHEBEN

WACHT-MEISTER

EIN BEWACHTES RAD IST GUT, ABER KETTEN SIE ES LIEBER AN ETWAS ORTSFEST VERANKERTEM AN

FAHRRAD-STÄNDER

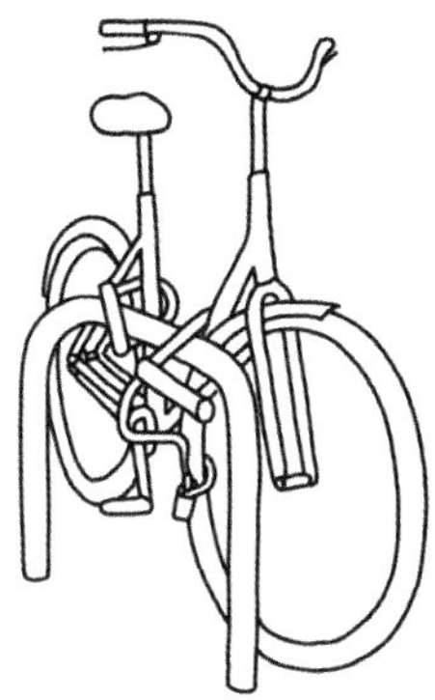

AM BESTEN MIT MEHREREN SCHLÖSSERN SICHERN

DER FAHRRADSATTEL

WIE SIE IHN IM REGEN TROCKEN HALTEN KÖNNEN

PLASTIKTÜTE

EIN SPEZIALPRODUKT AUFTRAGEN

AUF DEM RAD SITZEN BLEIBEN

IM SCHUPPEN LASSEN

EINEN ASSISTENTEN EINSTELLEN

ZUVERSICHTLICHES WISCHEN MIT DEM ÄRMEL

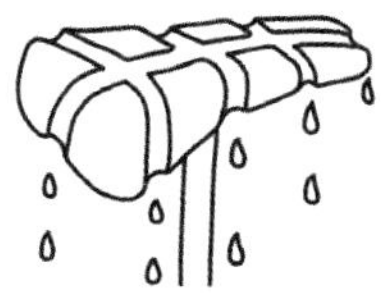

DER SELBST-ENTWÄSSERNDE SATTEL

SAUGFÄHIGES HINTERTEIL

SPORTUHREN UND FITNESSTRACKER

WAS SIE RADFAHRERN VERRATEN

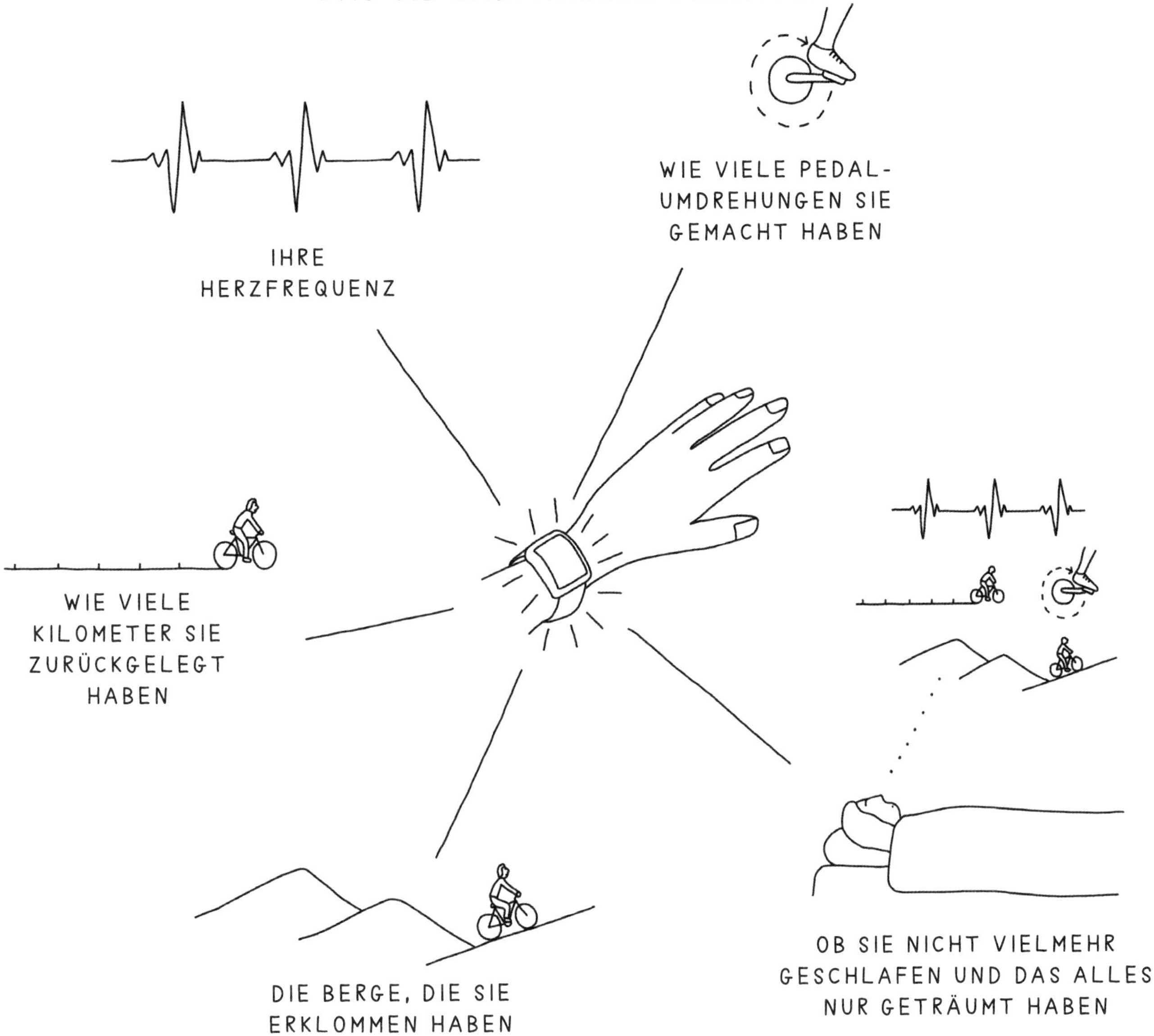

FAHRRADKLINGELN

BEVÖLKERUNGSREAKTIONEN

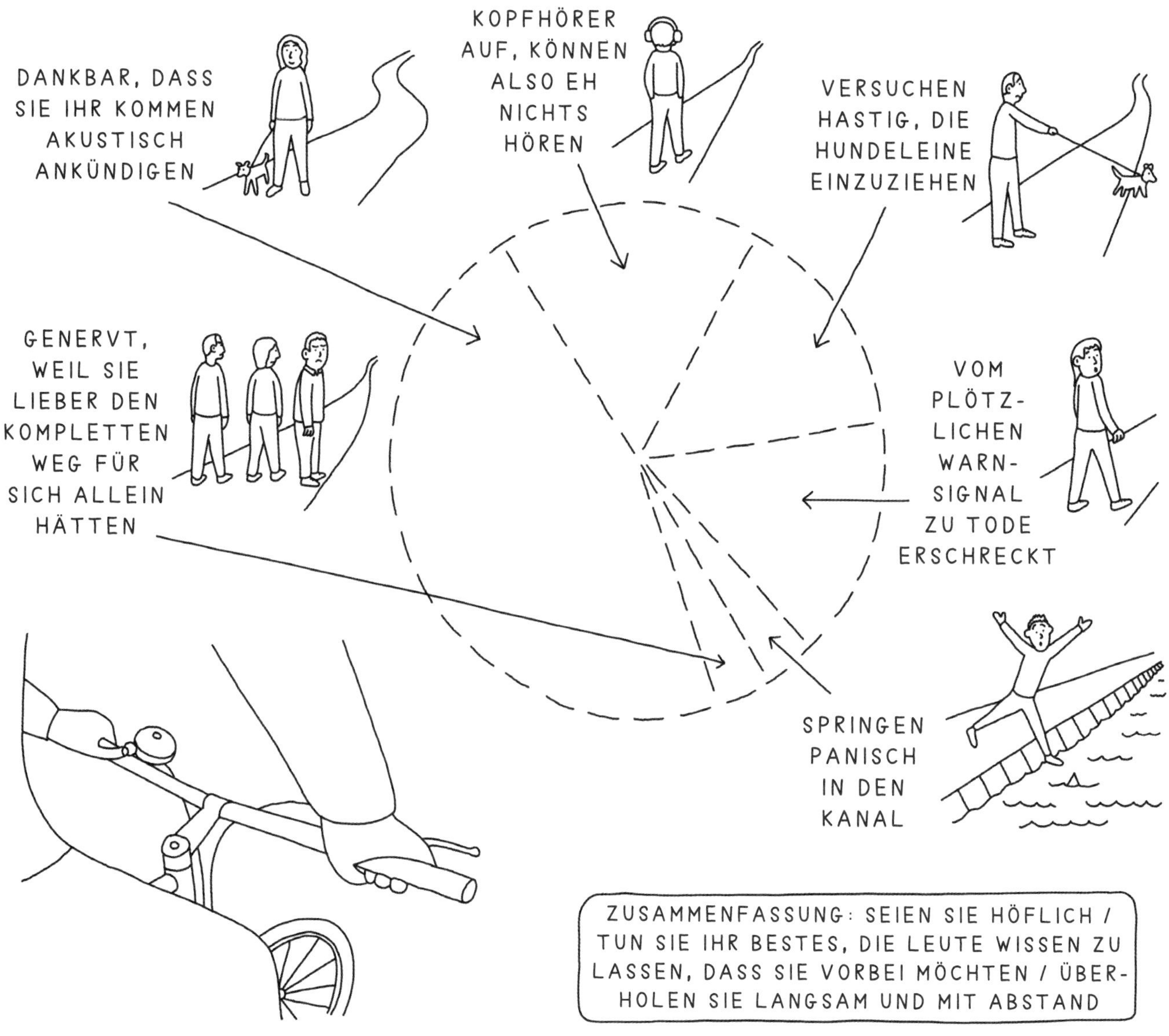

DAS FAHRRAD ABSTELLEN

ZU HAUSE

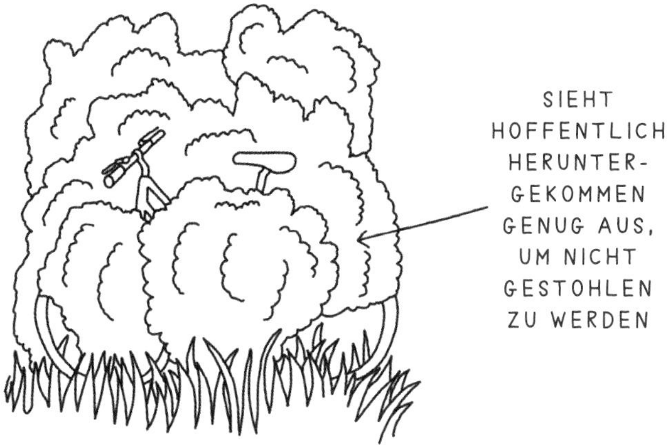

IM VORGARTEN (DER NATUR IHREN LAUF LASSEND)

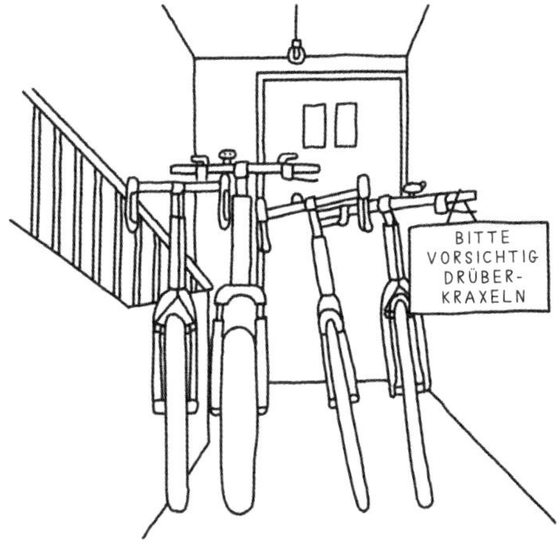

VIELLEICHT IST IM TREPPENHAUS JA DOCH NOCH ETWAS PLATZ

NOCH EIN RAD MEHR IN DIE GARAGE QUETSCHEN

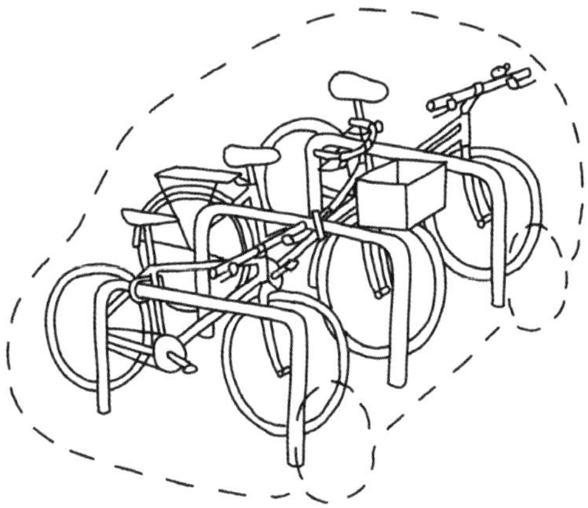

AUF DEM PLATZ, DEN FRÜHER DAS AUTO BEANSPRUCHT HAT

AUTO VERSUS FAHRRAD

WELCHE KOSTEN FALLEN AN?

AUTO

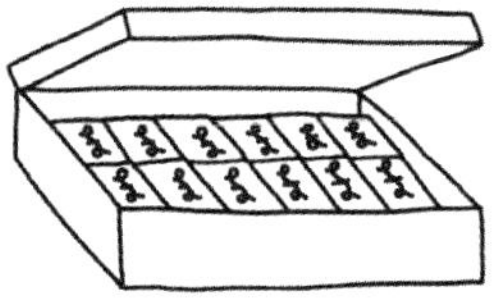

KAUFPREIS DES AUTOS

STEUERN UND VERSICHERUNG

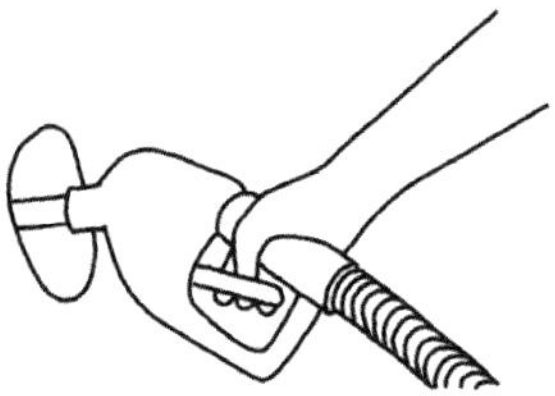

TREIBSTOFF

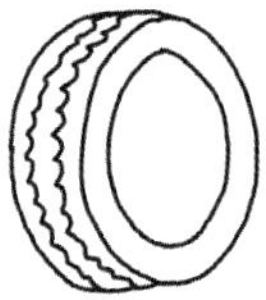

REIFEN

TÜV / SERVICE / REPARATUREN

ADAC / PANNENHILFE

KEINE AHNUNG, WAS DAS IST

DIE ZÜNDSPULEN ERNEUERN

IST MIR GENAUSO PASSIERT

VIEL GELD BEZAHLEN, DAMIT EIN MANN ES AN DEN COMPUTER ANSCHLIESST UND HINTERHER TROTZDEM NICHT WEISS, WAS KAPUTT IST

FAHRRAD

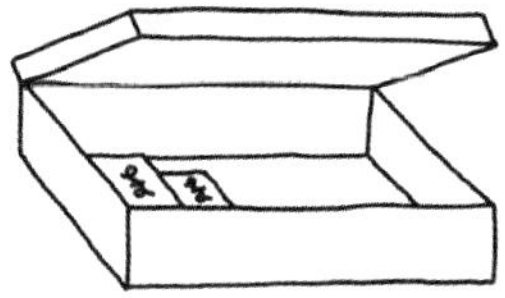

KAUFPREIS DES FAHRRADS

WARTUNG DURCH FACHPERSONAL

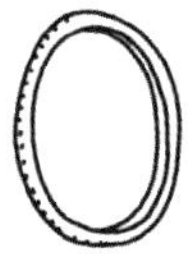

REIFEN

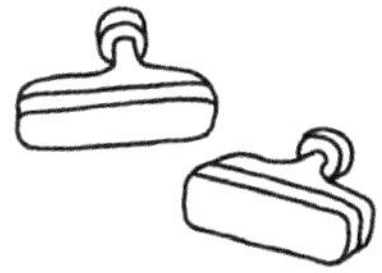

GELEGENTLICH NEUE BREMSKLÖTZE

NICHT ZWINGEND NOTWENDIGES ZUBEHÖR

TREIBSTOFF

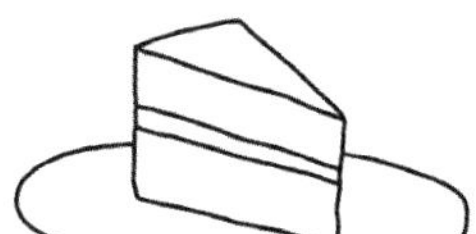

NOCH MEHR TREIBSTOFF

[BIN NOCH MIT NACHTANKEN BESCHÄFTIGT]

KAPITEL 3

RÄDER

ES GIBT FÜR JEDEN DAS PASSENDE FAHRRAD

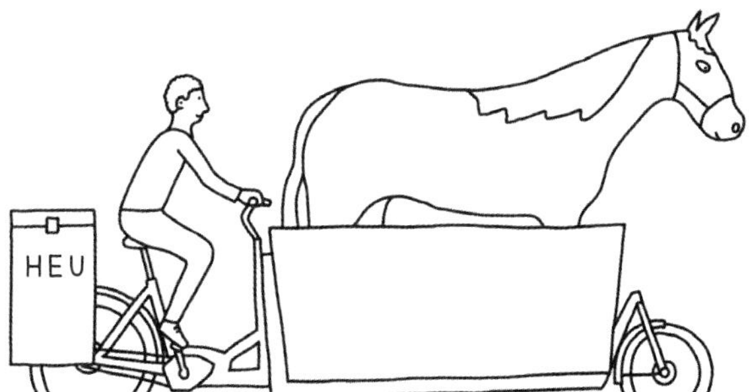

DAS FAHRRAD

EINE EINFÜHRUNG IN DIE GRUNDLAGEN

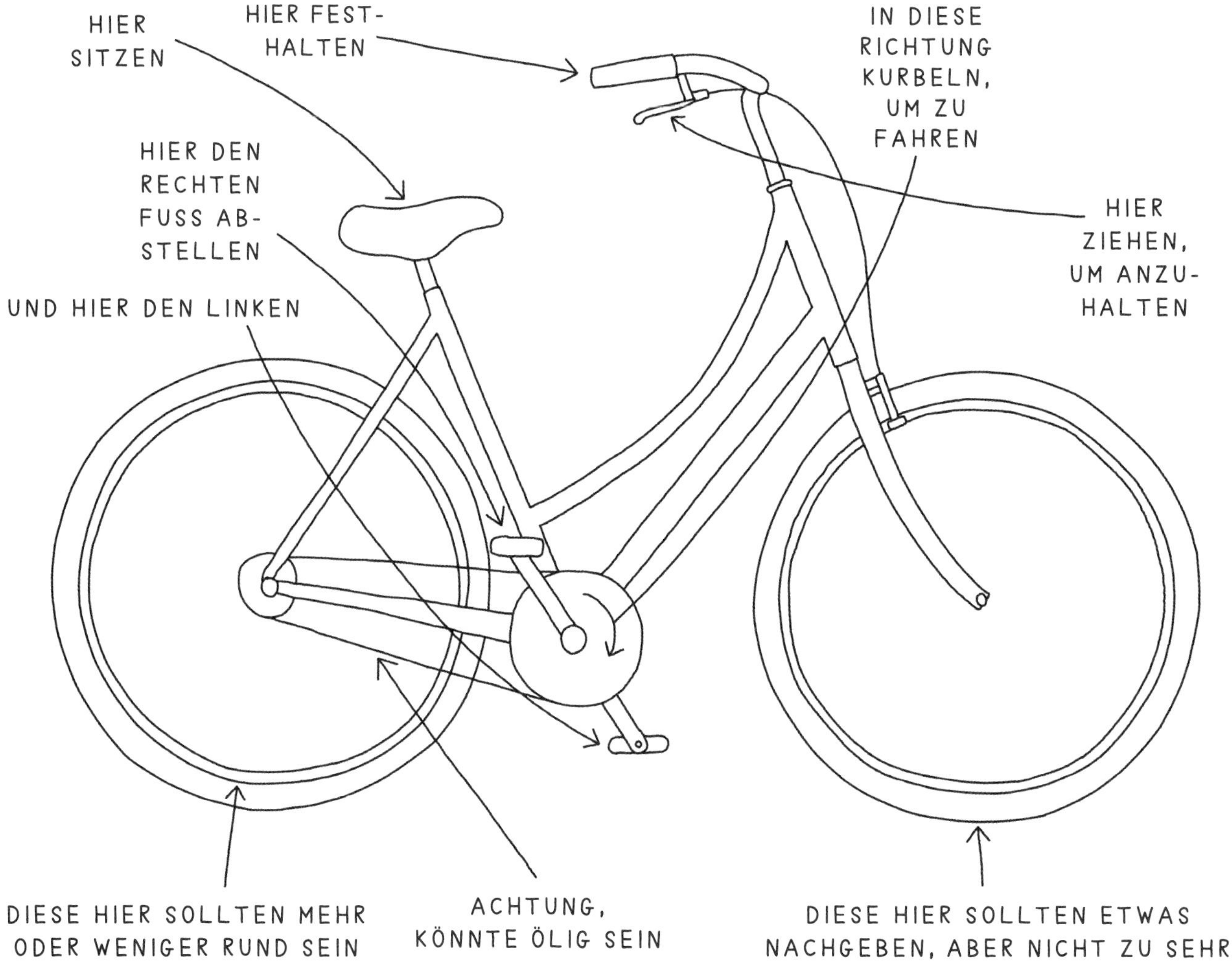

[ES GIBT NATÜRLICH NOCH MEHR TEILE, ABER SIE ALLE ZU ERLÄUTERN WÜRDE DEN RAHMEN VON KAPITEL 3 SPRENGEN]

ES GIBT EIN RAD FÜR JEDEN

SECHS ZEICHNUNGEN ZUM PREIS VON EINER

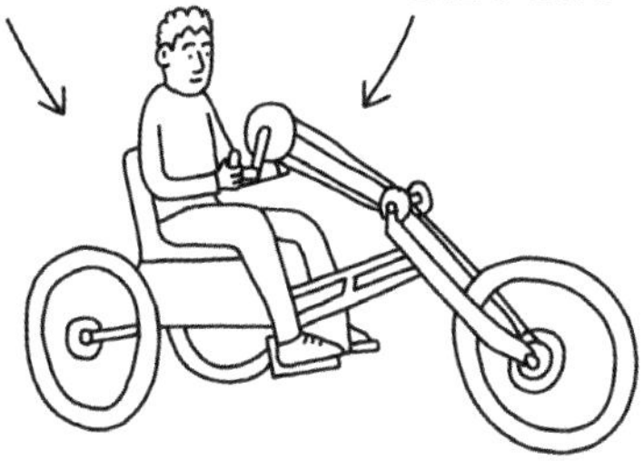

HANDBIKE

DREIRAD

TANDEM

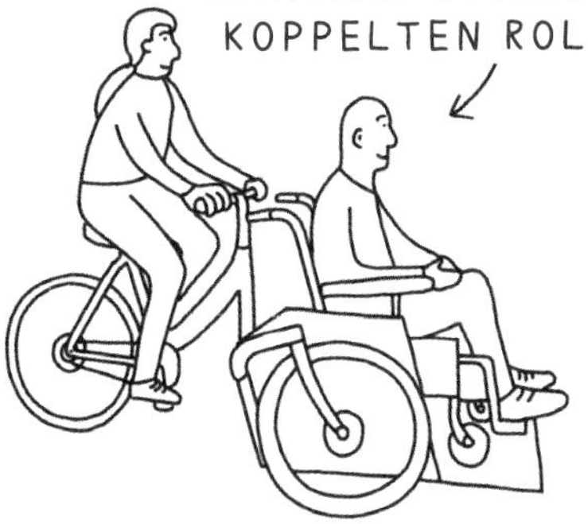

ROLLSTUHLFAHRRAD

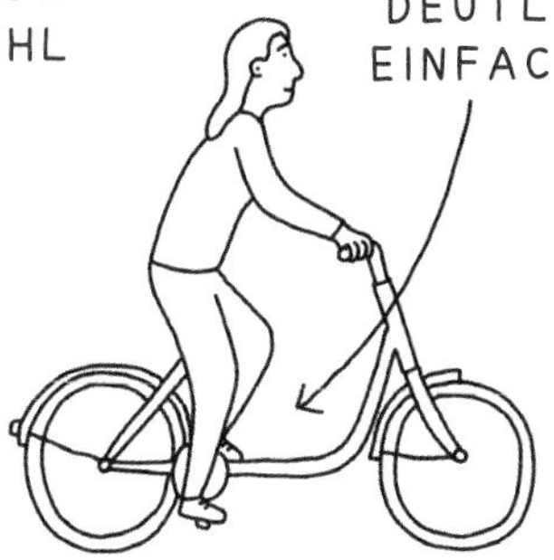

TIEFEINSTEIGER

LIEGERAD

WEITERE OPTIONEN: ALS E-BIKE MIT MOTORUNTERSTÜTZUNG ODER EINE KOMBINATION DIESER RADGATTUNGEN

FAZIT: NOCH MEHR UNTERSCHIEDLICHE MENSCHEN HABEN DIE CHANCE, RAD ZU FAHREN

EIN FAHRRAD KAUFEN

EINE GROBE EINTEILUNG DER VERSCHIEDENEN RADGATTUNGEN

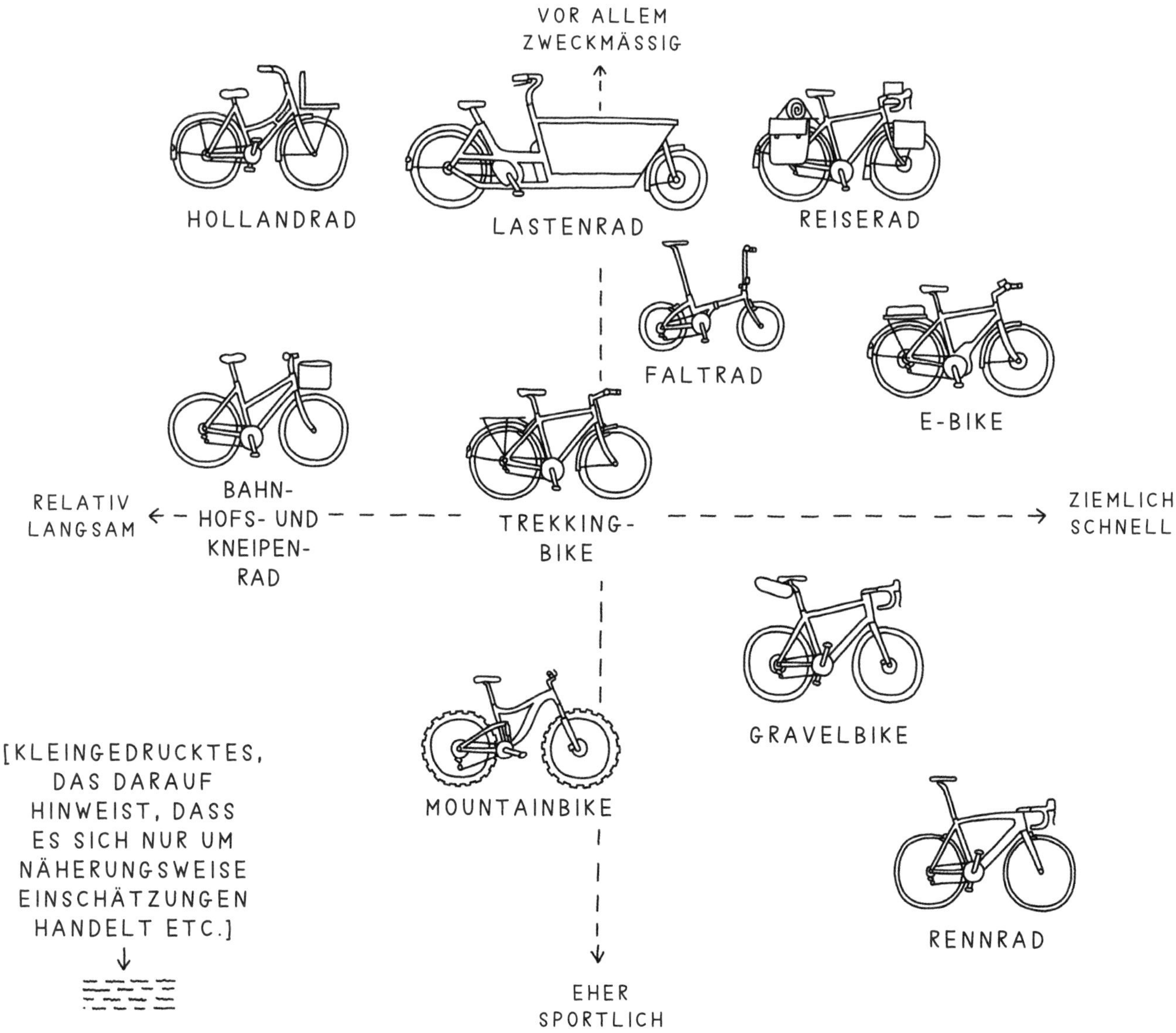

DAS HOLLANDRAD

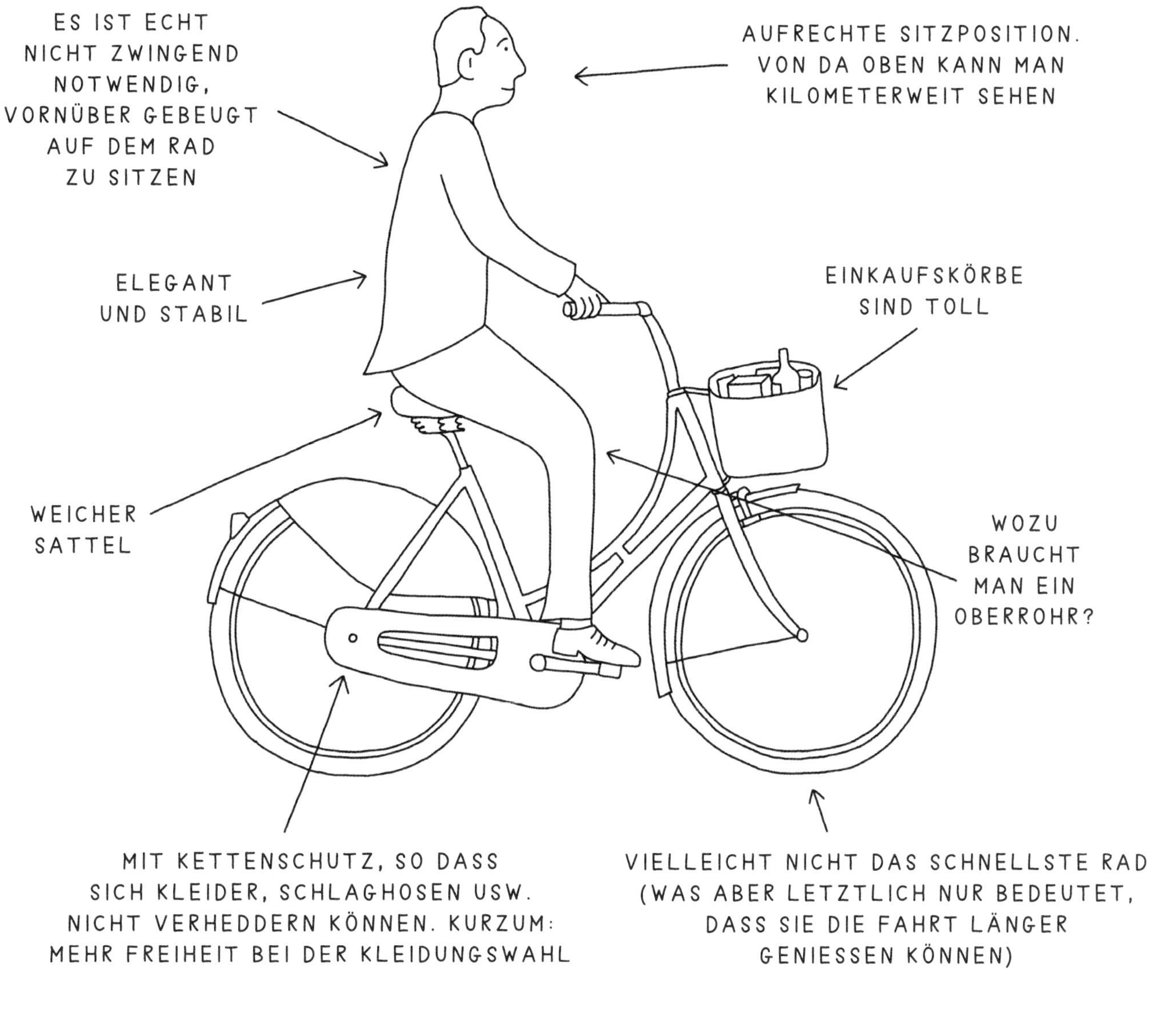

DAS TREKKINGBIKE

DER EMPFOHLENE ALLROUNDER, WENN SIE SICH NICHT ENTSCHEIDEN KÖNNEN

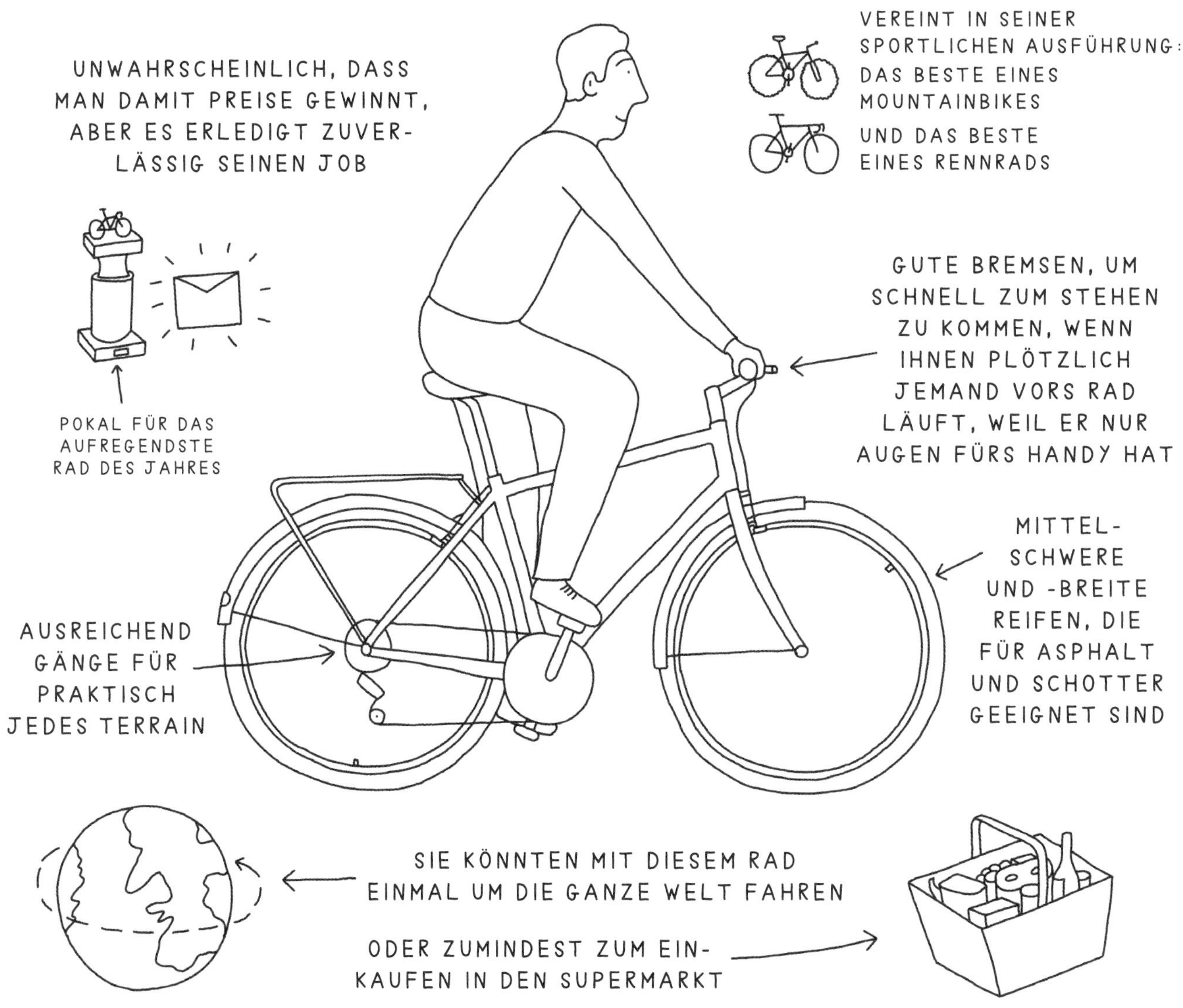

DAS RENNRAD

GEMACHT FÜR SCHNELLES FAHREN

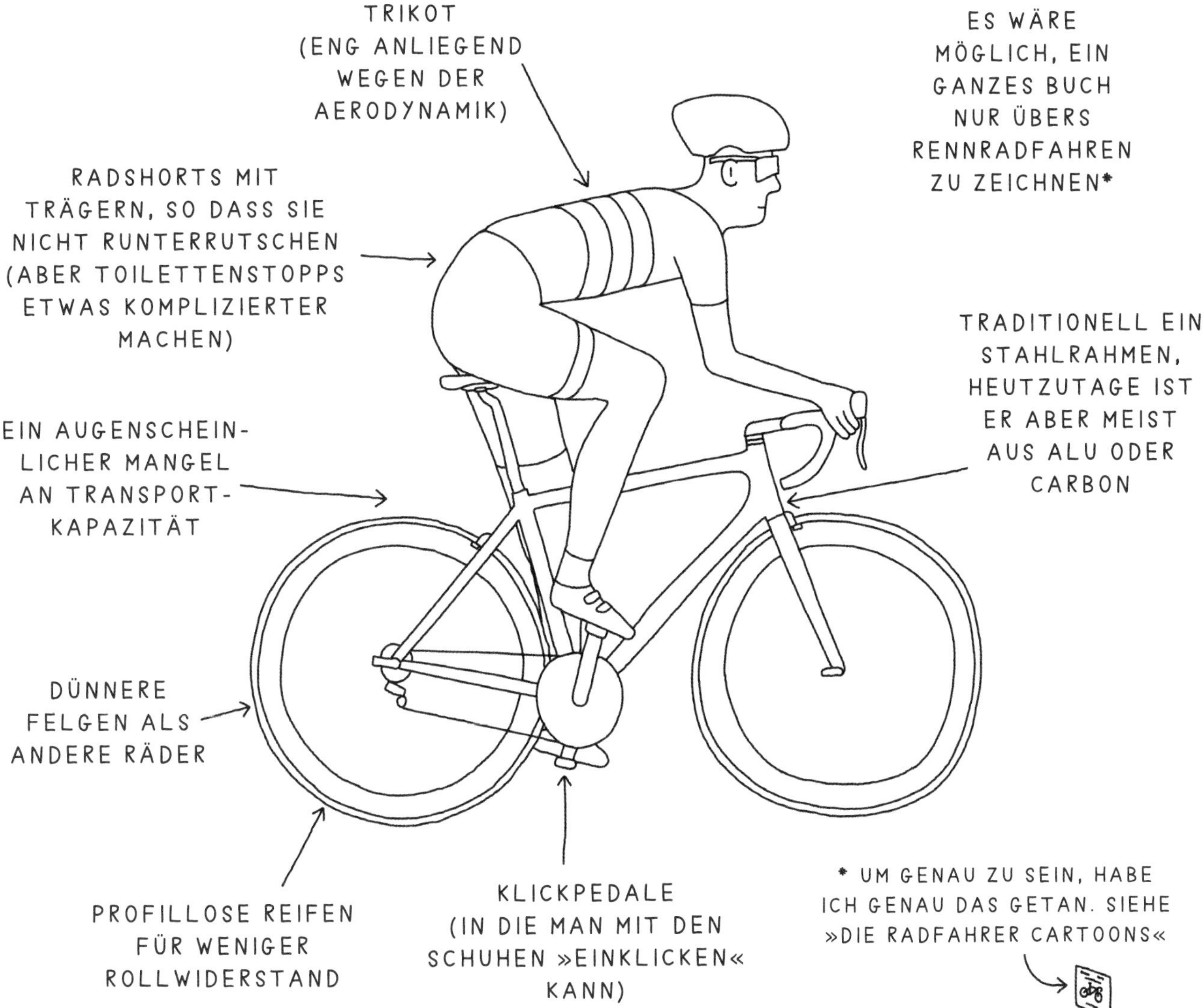

* UM GENAU ZU SEIN, HABE ICH GENAU DAS GETAN. SIEHE »DIE RADFAHRER CARTOONS«

DAS MOUNTAINBIKE

FÜR DAS FAHREN ABSEITS DER STRASSE

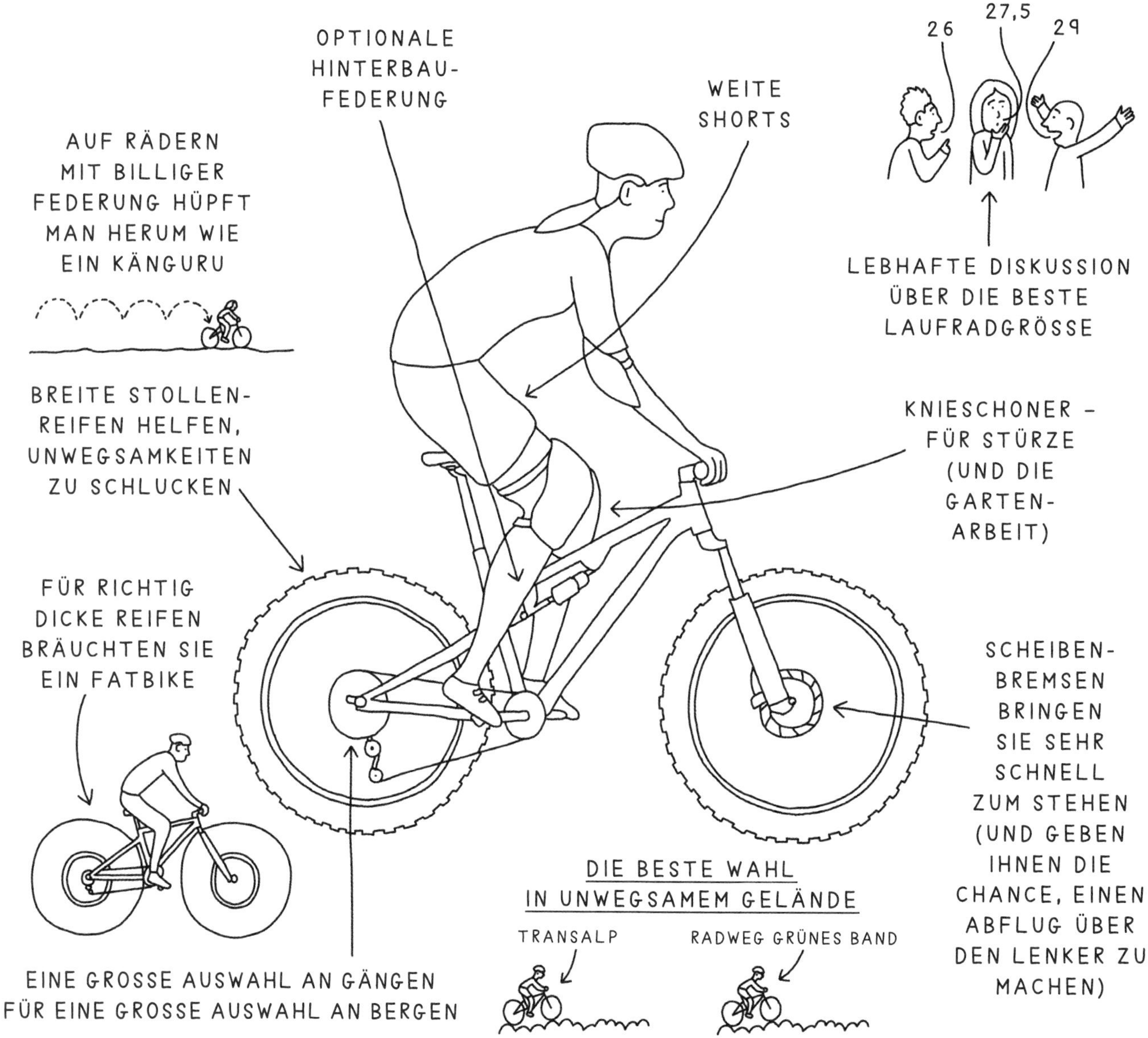

DAS FALTRAD

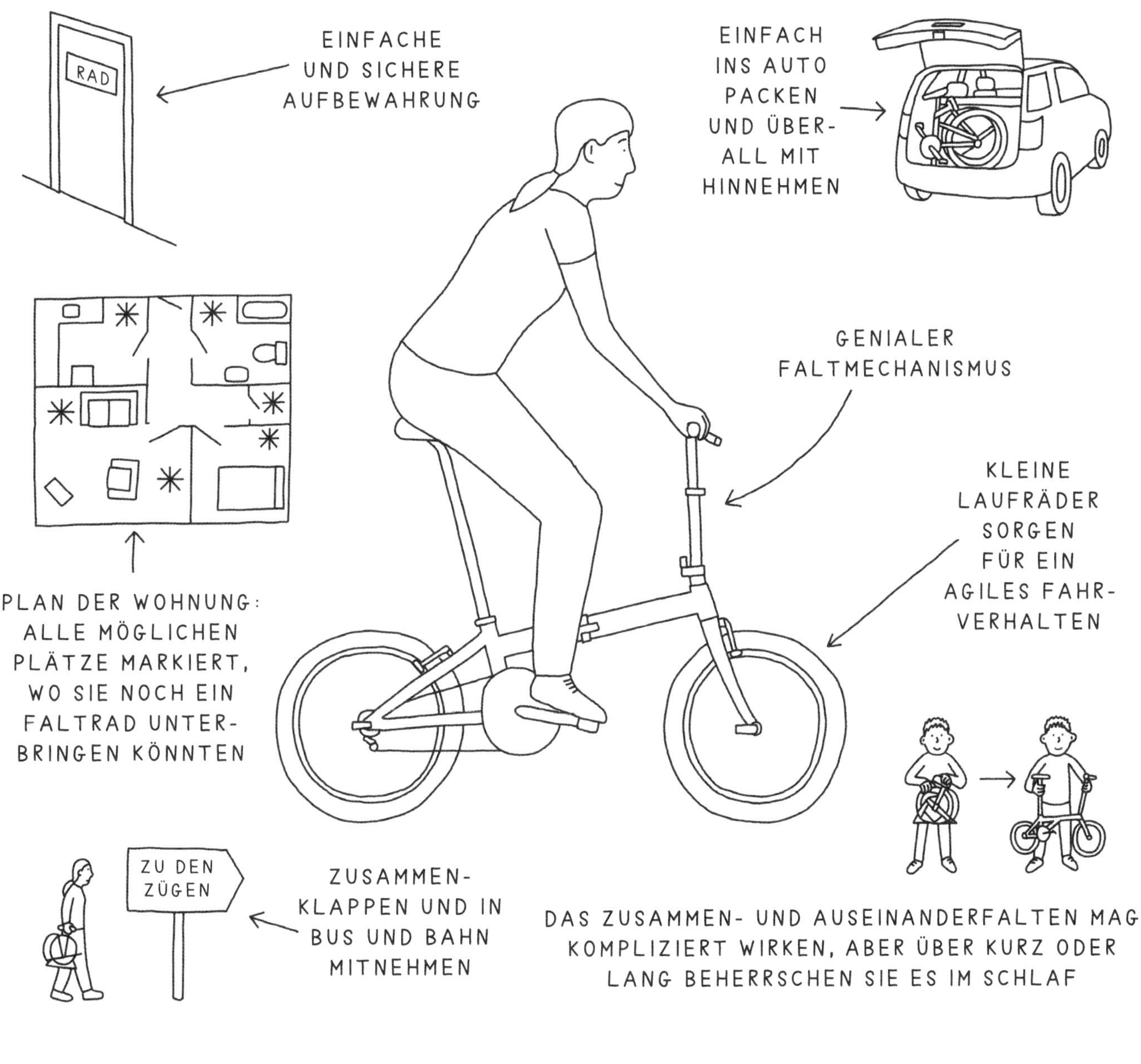
RAD
EINFACHE UND SICHERE AUFBEWAHRUNG
EINFACH INS AUTO PACKEN UND ÜBERALL MIT HINNEHMEN
GENIALER FALTMECHANISMUS
PLAN DER WOHNUNG: ALLE MÖGLICHEN PLÄTZE MARKIERT, WO SIE NOCH EIN FALTRAD UNTERBRINGEN KÖNNTEN
KLEINE LAUFRÄDER SORGEN FÜR EIN AGILES FAHRVERHALTEN
ZU DEN ZÜGEN
ZUSAMMENKLAPPEN UND IN BUS UND BAHN MITNEHMEN
DAS ZUSAMMEN- UND AUSEINANDERFALTEN MAG KOMPLIZIERT WIRKEN, ABER ÜBER KURZ ODER LANG BEHERRSCHEN SIE ES IM SCHLAF

RÄDER, DIE SICH FALTEN LASSEN

MÖGLICHKEITEN

IM ZUG
MITNEHMEN

IN DEN KOFFERRAUM
DES AUTOS PACKEN

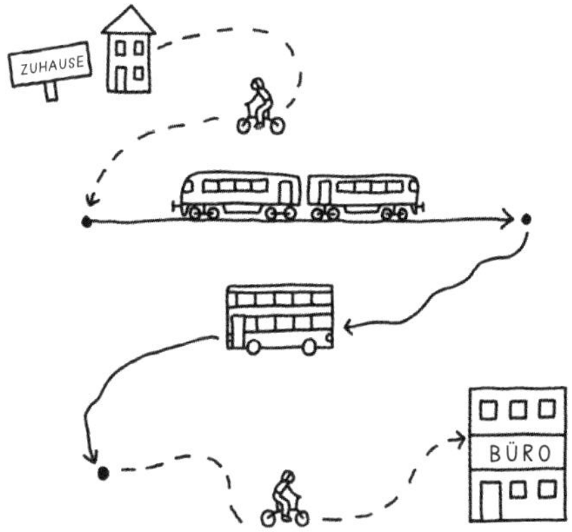

MIT ANDEREN
FORTBEWEGUNGSMITTELN
KOMBINIEREN

FREUNDE
BEEINDRUCKEN

DIEBSTAHLSICHER
AUFBEWAHREN

IM SCHRANK
VERSTECKEN

KLAPPT BESTENS

FALTRAD-FANS TEILEN IHREN ENTHUSIASMUS

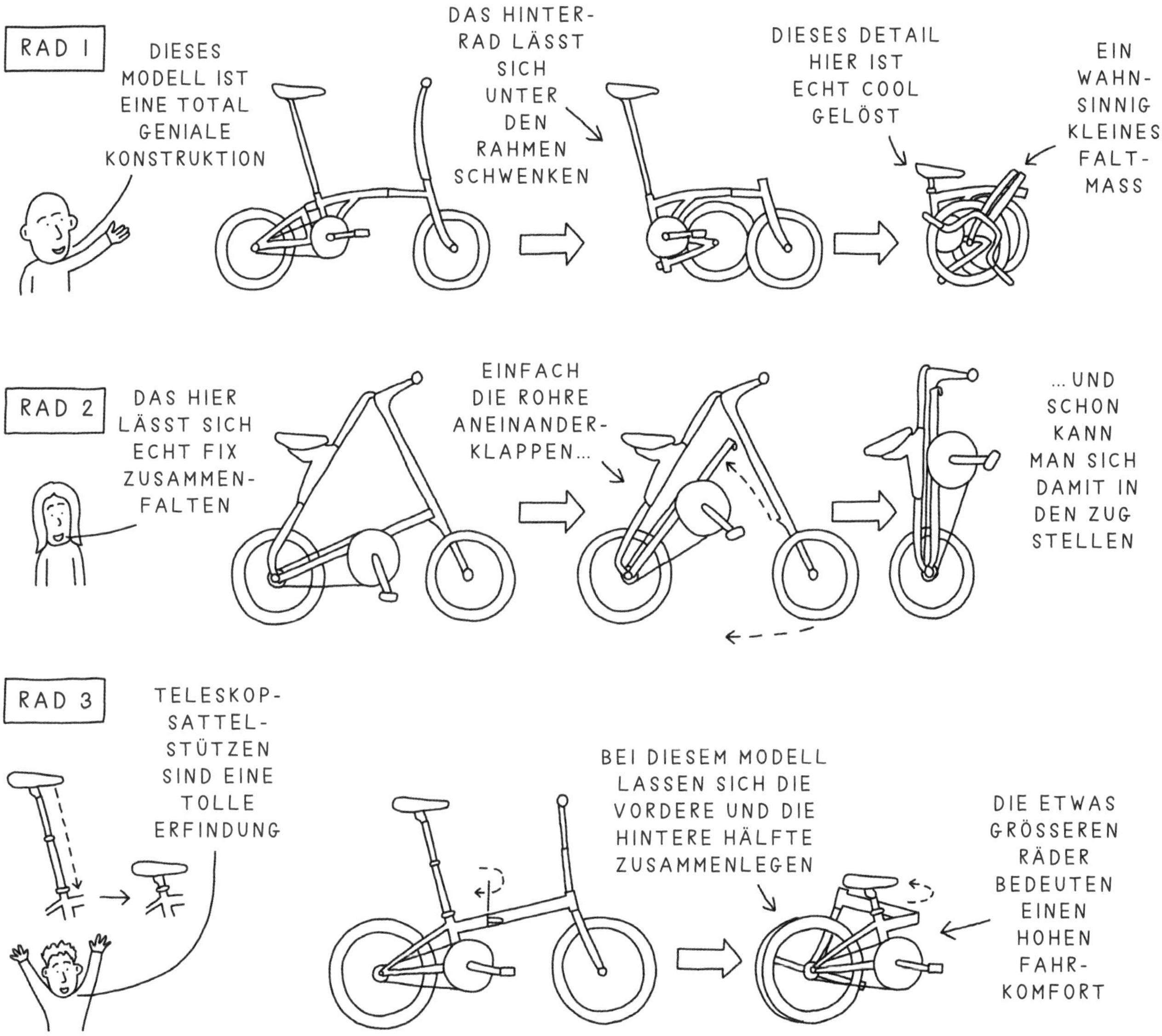

DAS LASTENRAD

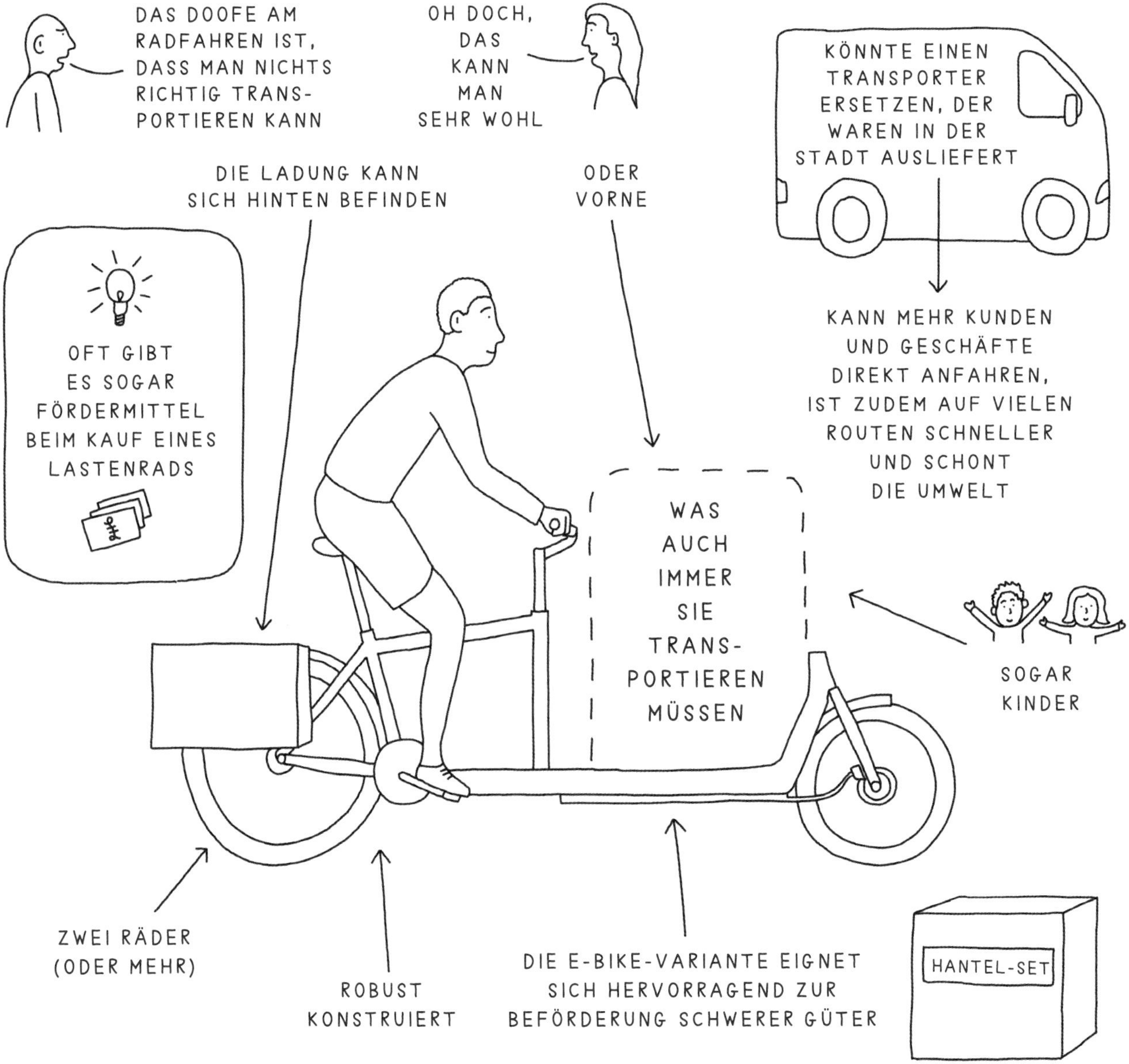

LASTENRÄDER

UND WAS MAN MIT IHNEN TRANSPORTIEREN KANN

DIE WOCHENEINKÄUFE

TIERE

KINDER

DAS HANDWERKSZEUG

PAKETE

ALLES, WAS MAN FÜR EINEN TAGESAUSFLUG BRAUCHT

FAST-FOOD

EINEN KÜHLSCHRANK (OHNE WITZ)

DAS ELEKTROFAHRRAD

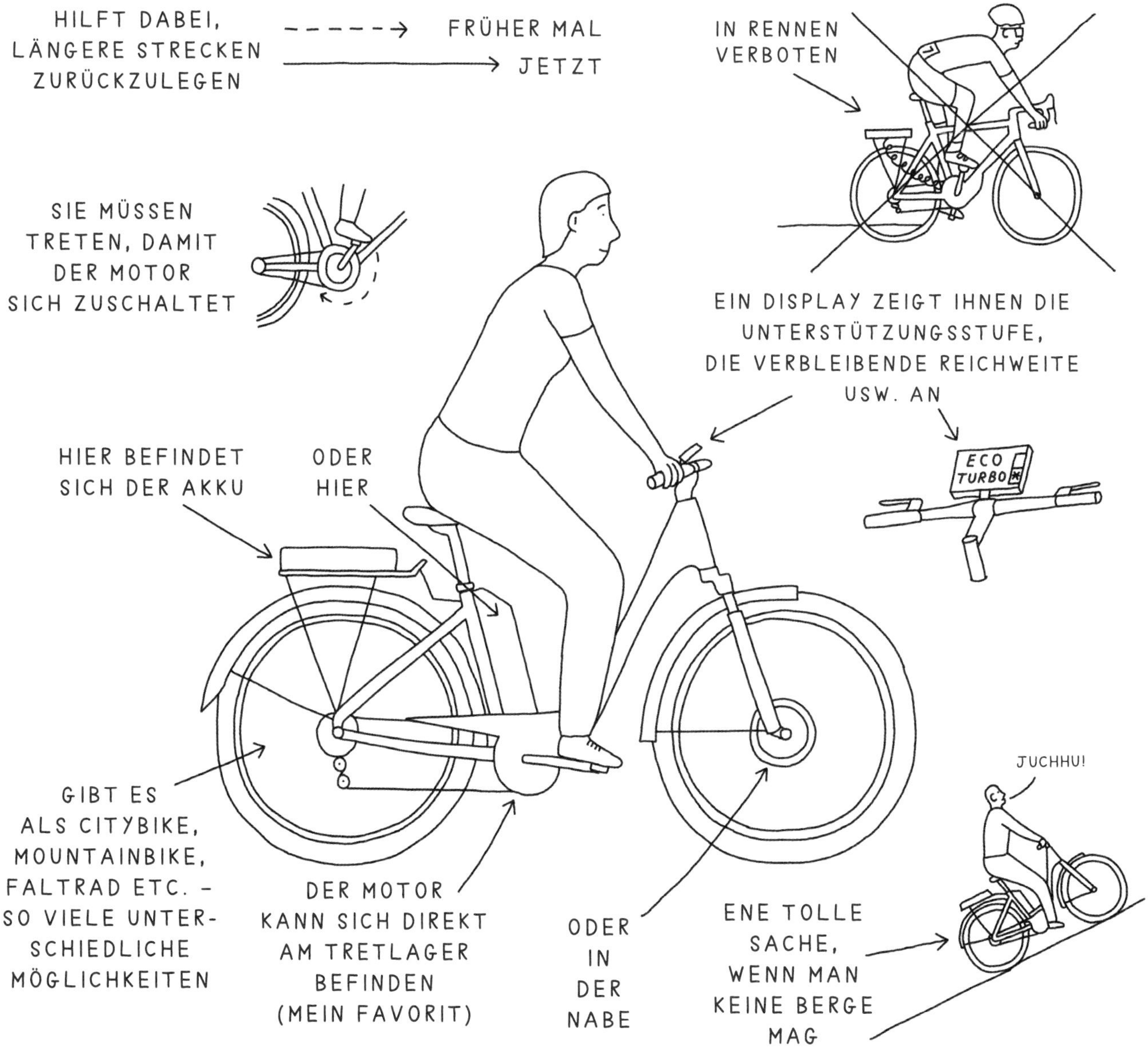

PEDELECS UND E-BIKES...

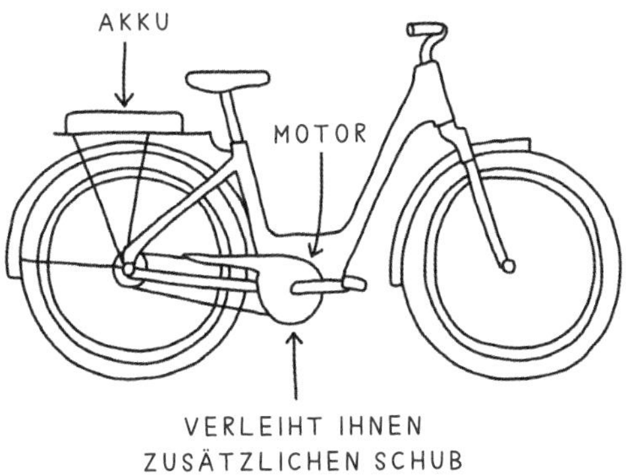

... ERMÖGLICHEN MENSCHEN, DIE ES KÖRPERLICH SONST NICHT (MEHR) KÖNNTEN, DAS RADFAHREN

... MACHEN BERGE ERTRÄGLICH

... SIND IM VERGLEICH MIT ANDEREN VERKEHRSMITTELN DEUTLICH GESÜNDER UND UMWELTSCHONENDER

... SORGEN DAFÜR, DASS MENSCHEN MIT UNTERSCHIEDLICHEN FÄHIGKEITEN ZUSAMMEN RAD FAHREN KÖNNEN

SIND ELEKTRO-FAHRRÄDER »BETRUG«? → WIRD NOCH IN EINEM EIGENEN DIAGRAMM ERÖRTERT

[SPOILER: NEIN]

FAHRRÄDER MIT E-MOTOR

SIND SIE BETRUG?

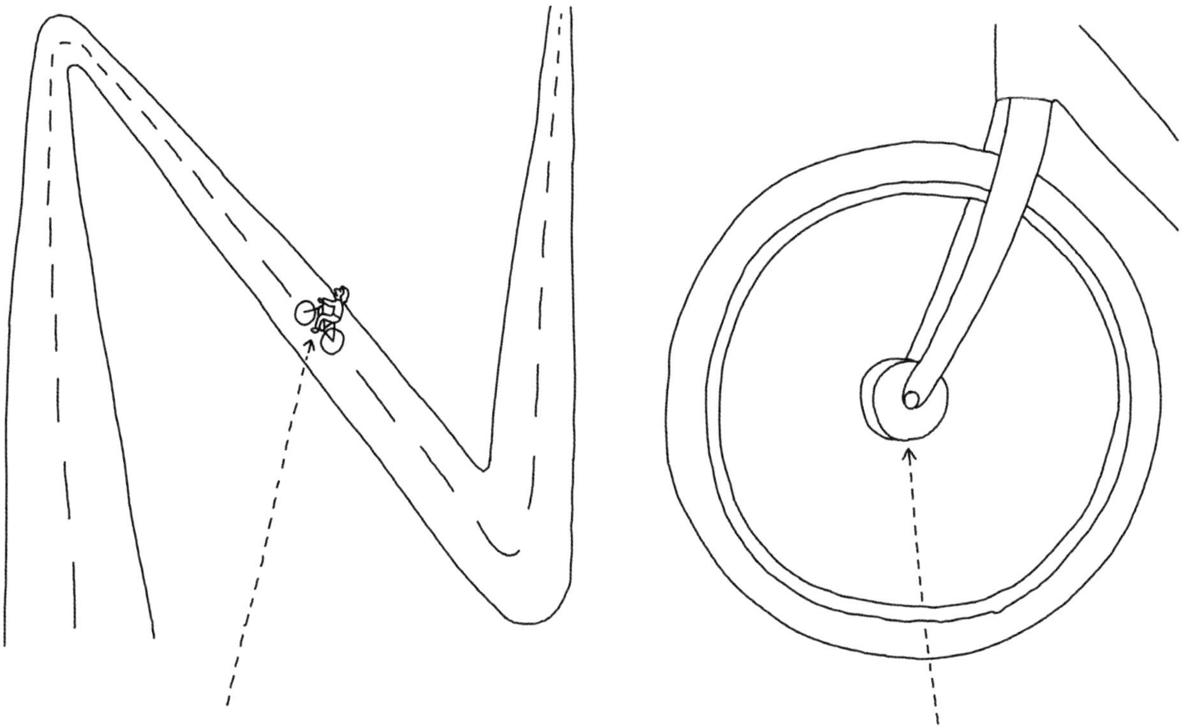

SIE MÜSSEN
IMMER NOCH
SELBST TRETEN

DER MOTOR VERLEIHT
IHNEN LEDIGLICH
ZUSÄTZLICHEN SCHUB

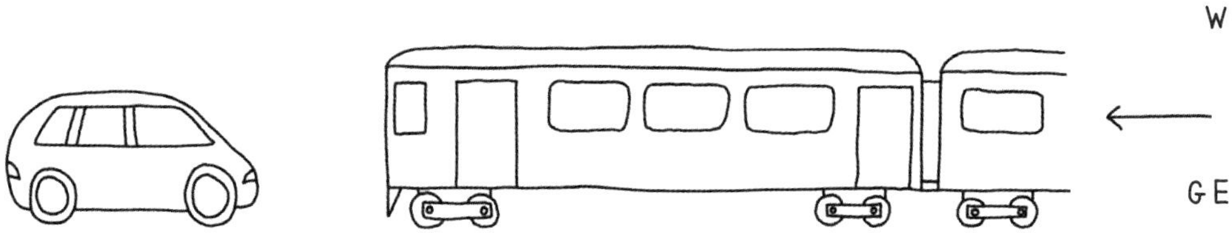

WENN EIN PEDELEC
BETRUG IST,
WÜRDEN DIESE
HIER DEFINITIV
GEGEN ALLE REGELN
VERSTOSSEN

DAS GRAVELBIKE

FÜR DAS FAHREN ABSEITS DER STRASSE

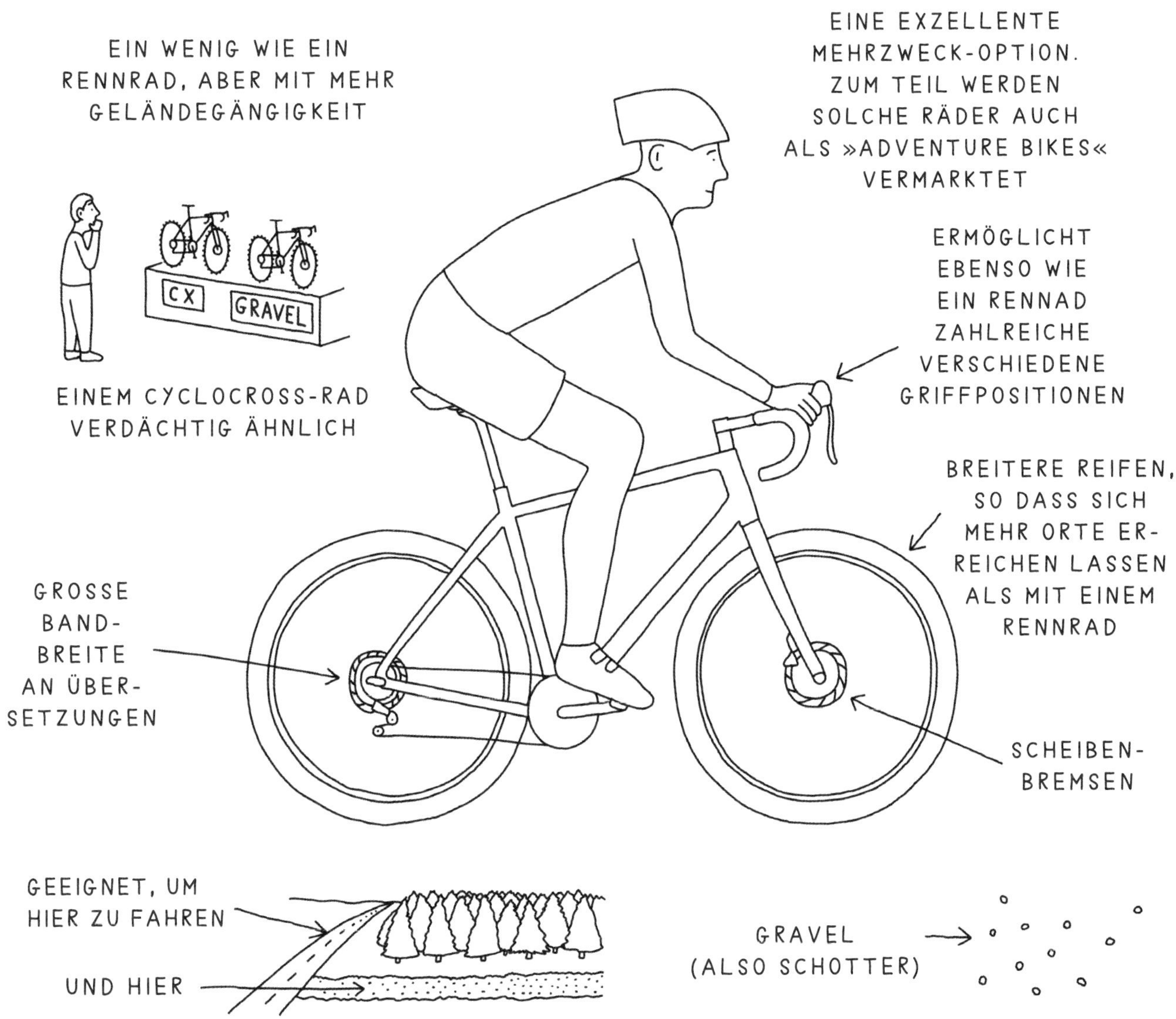

DAS REISERAD

DAS ULTIMATIVE FAHRRAD, UM ABENTEUER ZU ERLEBEN

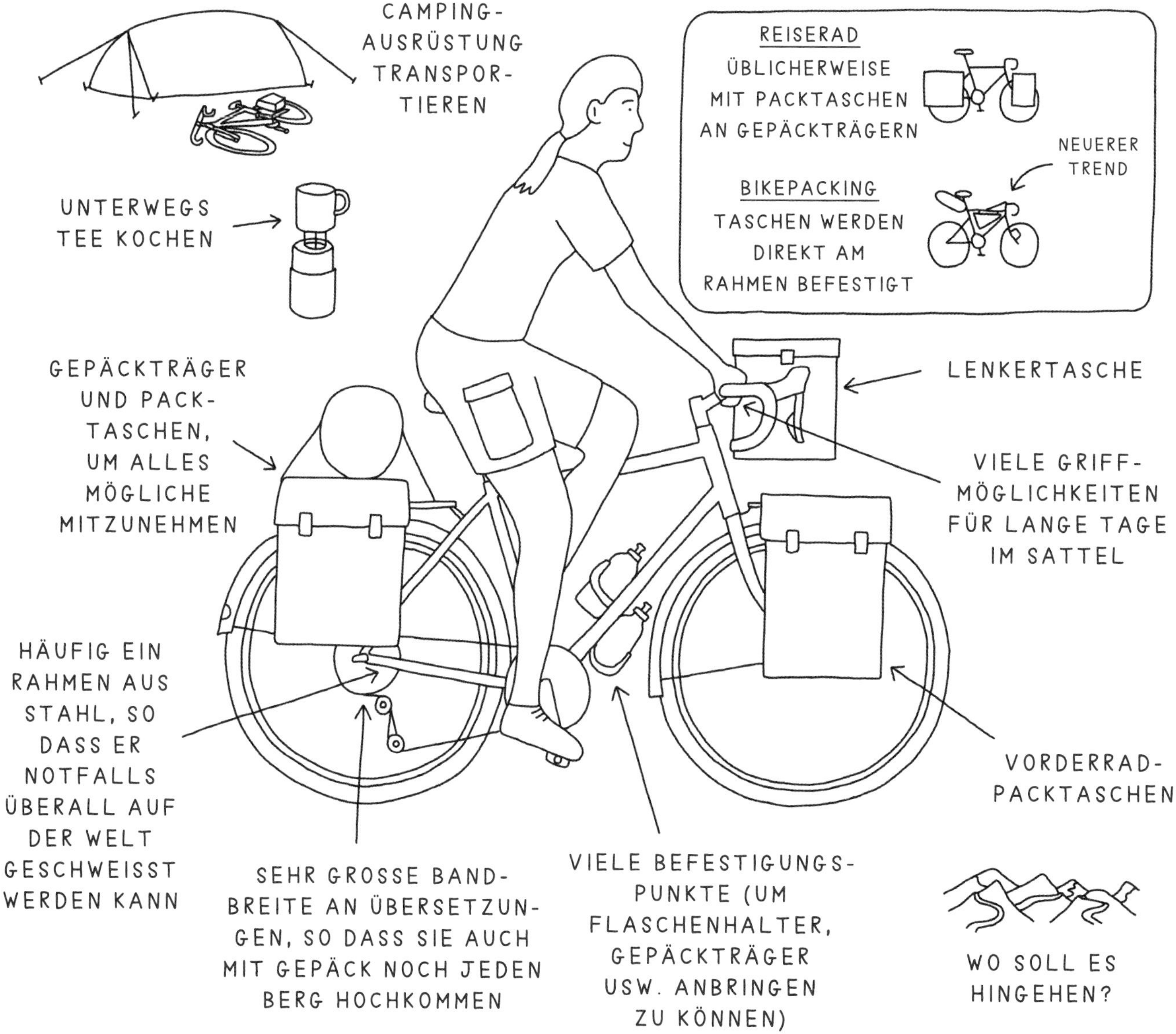

DAS BAHNHOFS- UND KNEIPENRAD

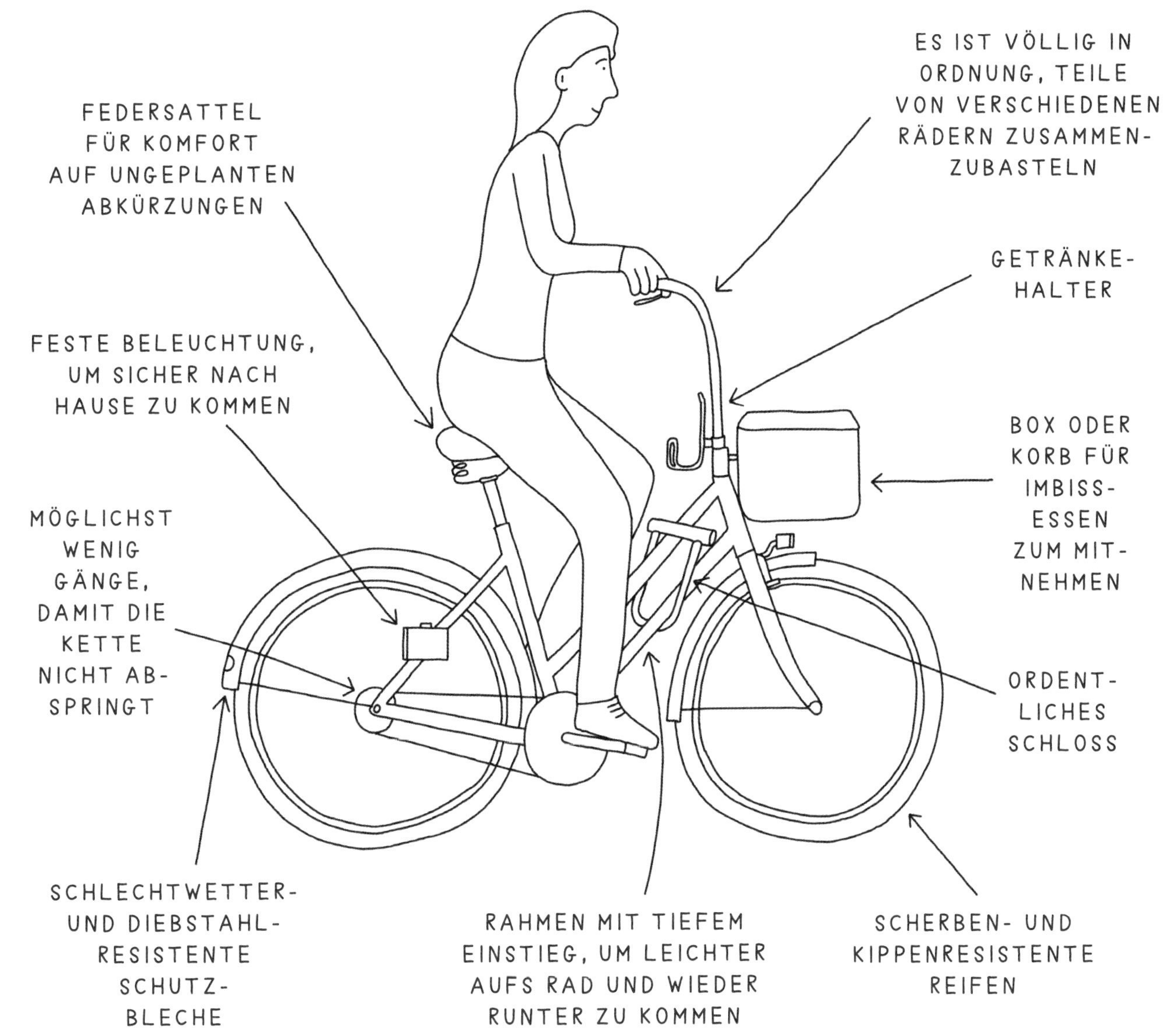

DAS TANDEM

EIN FAHRRAD FÜR ZWEI

KAPITEL 4

ABENTEUER

IN DER STADT UND AUF DEM LAND, IN NAH UND FERN

SO VIELE TOLLE ORTE

WARUM NICHT MIT DEM RAD ENTDECKEN?

WENN SIE INS MEER SPRINGEN MÖCHTEN

WENN SIE AUF BRUTALISTISCHE ARCHITEKTUR STEHEN

WENN IHNEN GERN SCHWINDELIG WIRD

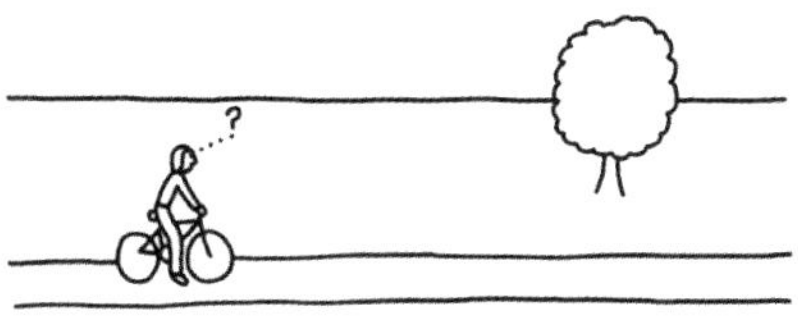

WENN SIE SICH GERN IN UNENDLICHEN WEITEN VERLIEREN

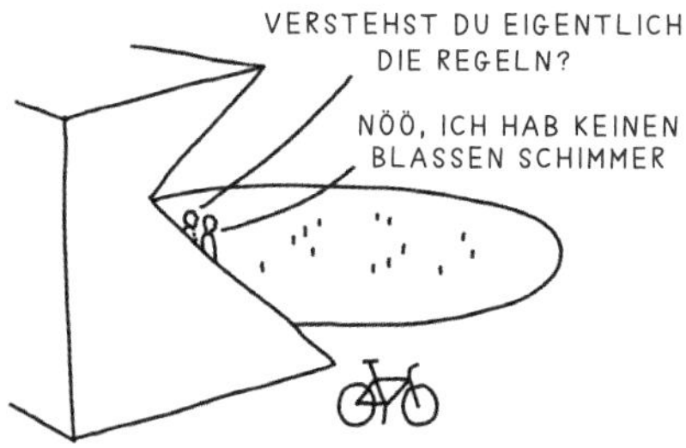

WENN SIE AUSTRALIAN FOOTBALL MÖGEN

ODER EIN SCHÖNES GLAS CRAFTBEER

ODER EINE LOK DER BAUREIHE GWR 0-6-2

ODER CHORÄLE VON 1622

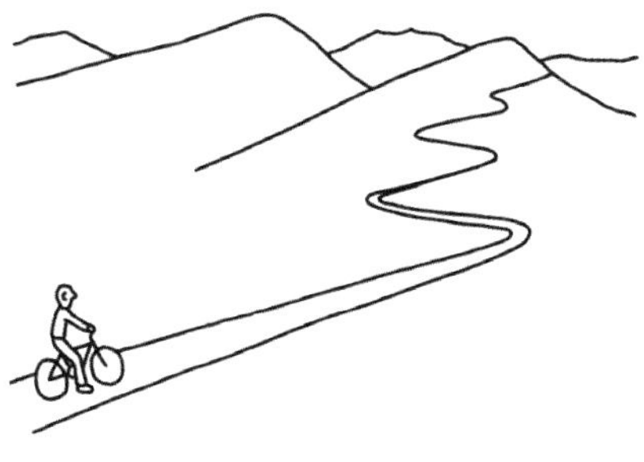

ODER WENN SIE EINFACH ALLEM ENTFLIEHEN MÖCHTEN

DIE AKTUELLE VERKEHRSLAGE

DAS LANDESWEITE STRASSENVERKEHRSNETZ

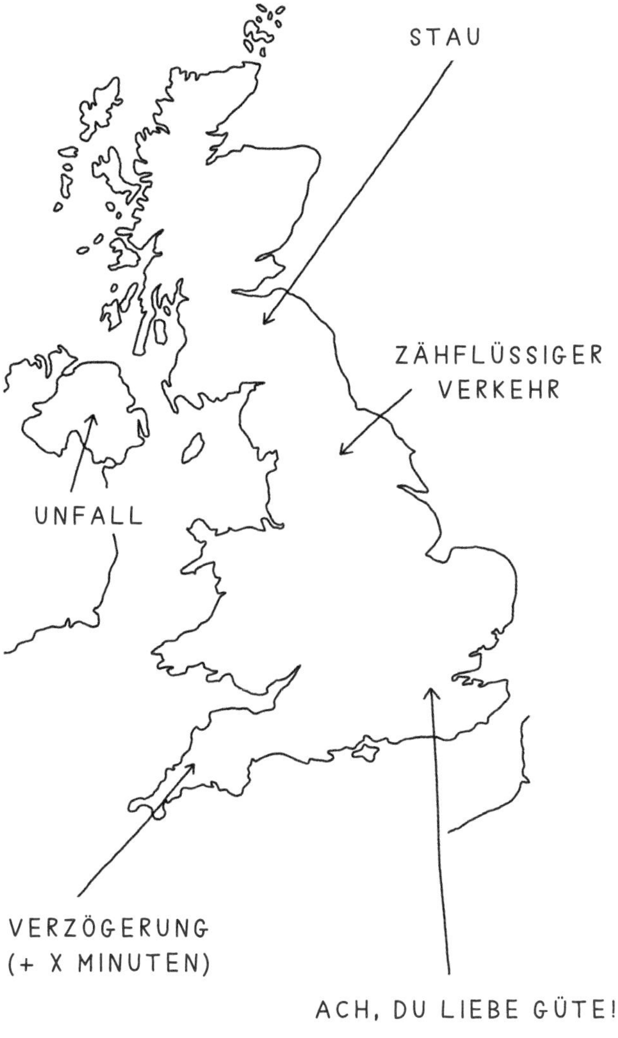

DAS LANDESWEITE RADVERKEHRSNETZ

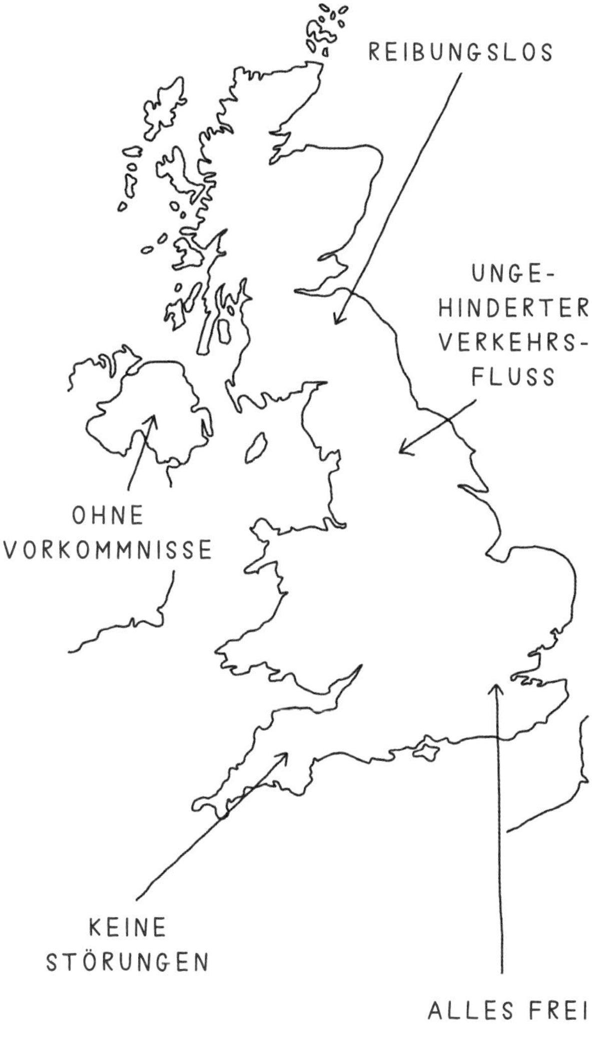

DIE HECKE

WAS MAN ÜBER SIE HINWEG SEHEN KANN

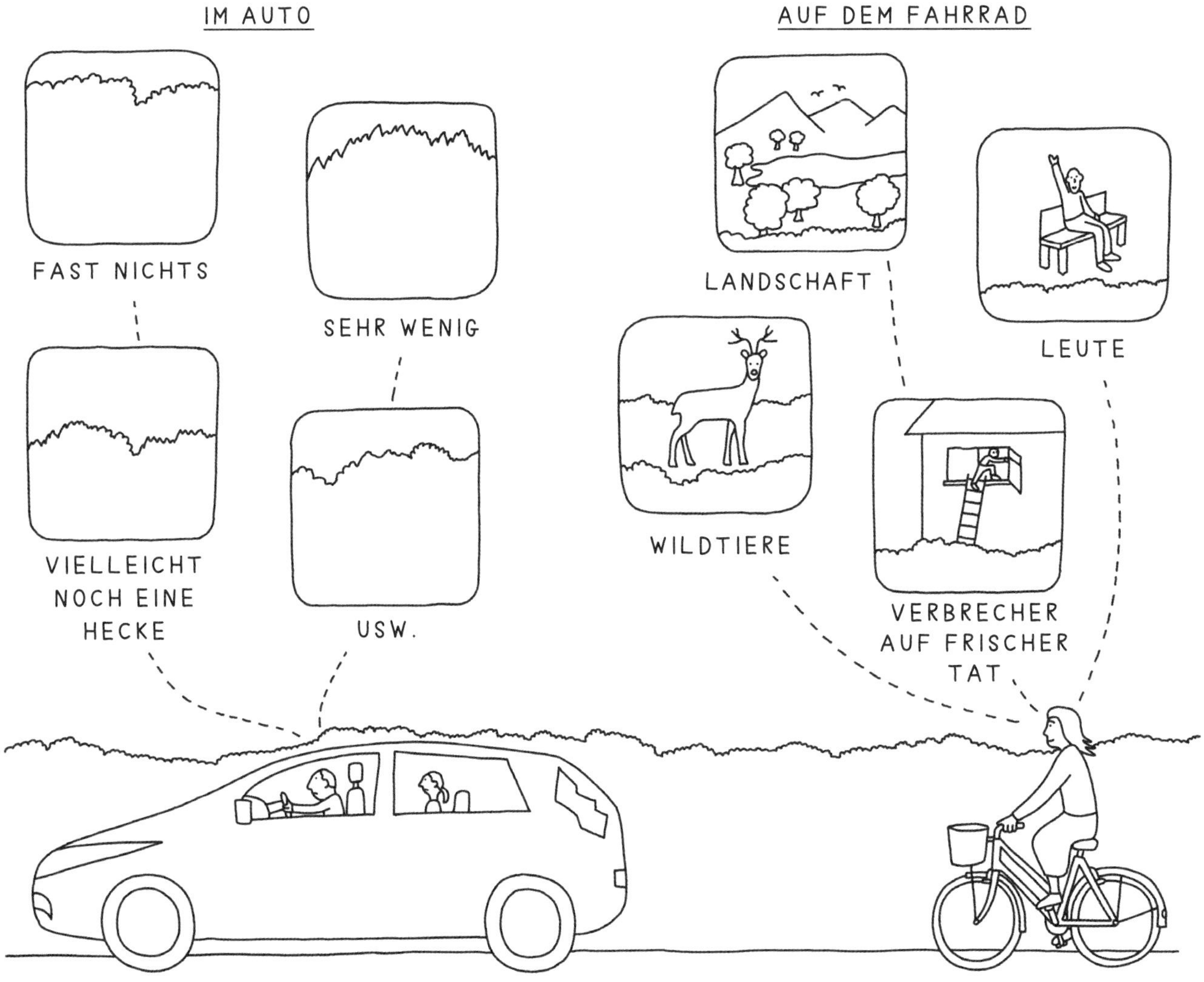

[WEITERE VORZÜGE DES RADFAHRENS, DIE ZU ERLÄUTERN DEN RAHMEN DIESES DIAGRAMMS SPRENGEN WÜRDE → + GERÄUSCHE + GERÜCHE + FRISCHE LUFT + DIE CHANCE, EINFACH ANZUHALTEN UND SICH ETWAS ANZUSEHEN]

LANGSTRECKEN-RADFAHREN

BELIEBTE HERAUSFORDERUNGEN

(AUSGEDACHTE
KARTE EINES
FIKTIVEN LANDES)

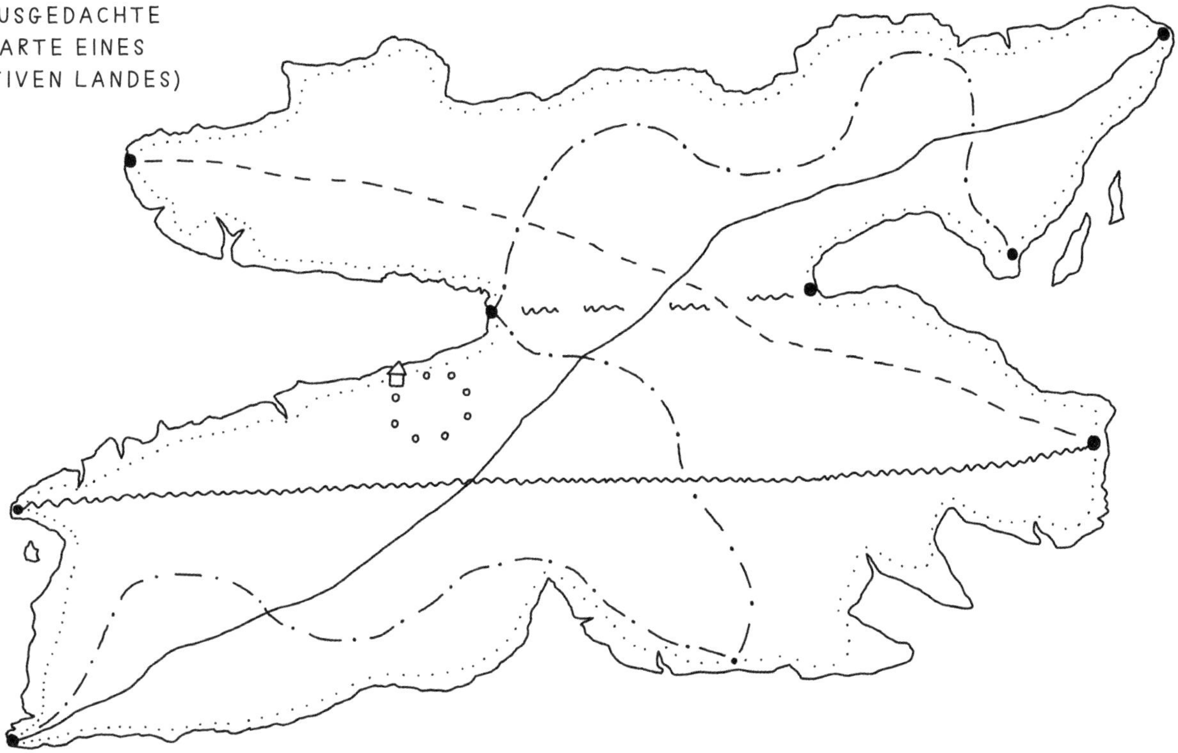

- VON EINEM ZIPFEL ZUM ANDEREN
- EINMAL VON OST NACH WEST
- EINMAL RUNDHERUM
- VON KÜSTE ZU KÜSTE
- VON KÜSTE ZU KÜSTE (EINFACHERE VARIANTE)
- KREUZ UND QUER
- EINFACH EIN BISSCHEN WEITER WEG VON ZU HAUSE ALS BEIM LETZTEN MAL
- SCHWARZER PUNKT

BIKEPACKING

BIKEPACKING-TOUREN UMFASSEN OFT LÄNGERE ABSCHNITTE ABSEITS DER STRASSE

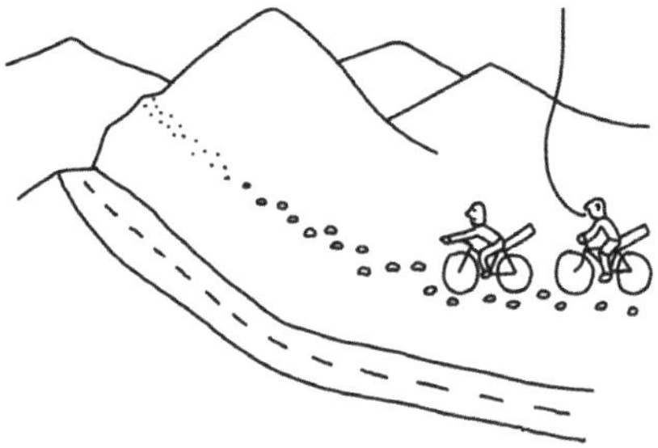

... UND EINE EHER MINIMALISTISCHE FORM DES CAMPINGS

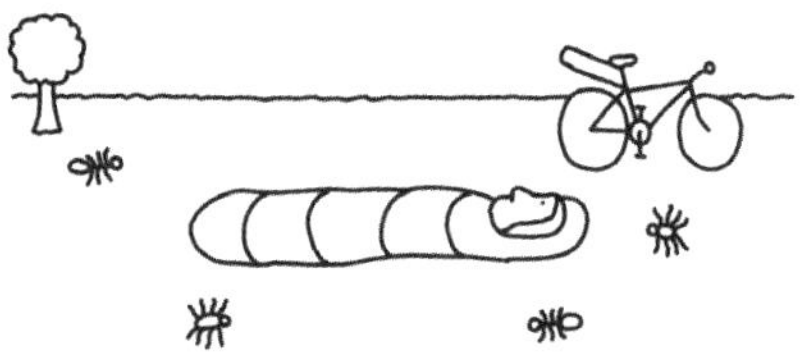

DAS FAHRRAD

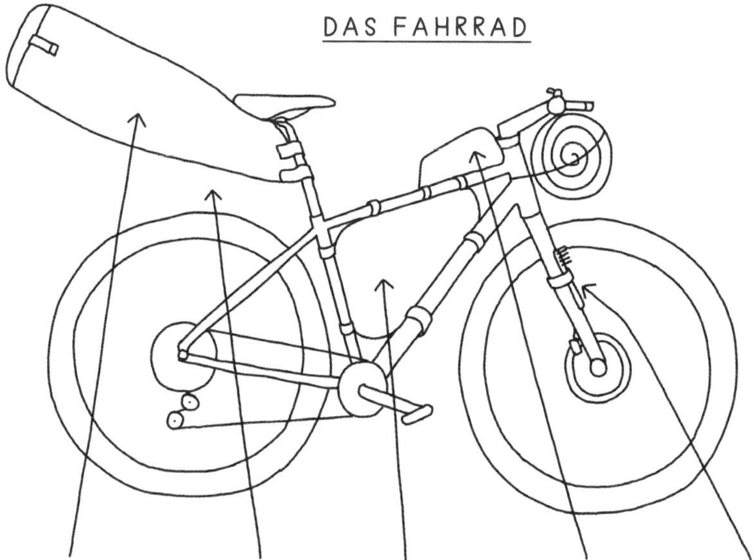

RIESIGE SATTEL-TASCHE (»ARSCH-RAKETE«)

OHNE GEPÄCK-TRÄGER ↑ WICHTIG!

RAHMEN-TASCHE

WEITERE TASCHEN (AN DIVERSEN PUNKTEN ANGEBRACHT)

ZAHN-BÜRS-TEN-HALTER

WICHTIGE ANMERKUNG

TAUCHEN SIE BLOSS NICHT MIT KLASSISCHEN PACKTASCHEN ZU EINEM BIKEPACKING-TRIP AUF, DAS WÄRE SONST EIN ARG PEINLICHER ANBLICK...

← WITZ VERMUTLICH NUR FÜR PASSIONIERTE BIKEPACKER VERSTÄND-LICH (ALLE ANDEREN: AM BESTEN EINFACH ÜBERLESEN)

REISEN MIT KREDITKARTE

WER MIT LEICHTEM GEPÄCK REISEN WILL, BRAUCHT NUR EINE KREDITKARTE

EIN HOTEL-
ZIMMER
BUCHEN

MITTAG- UND ABEND-
ESSEN KAUFEN

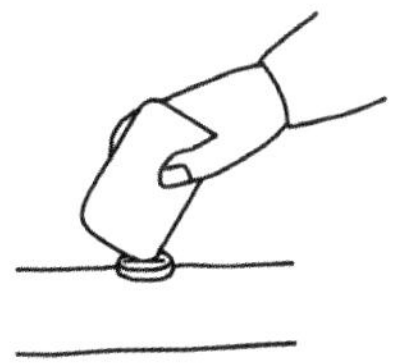

WICHTIGE
WARTUNGSARBEITEN

SONNEN-
VISIER

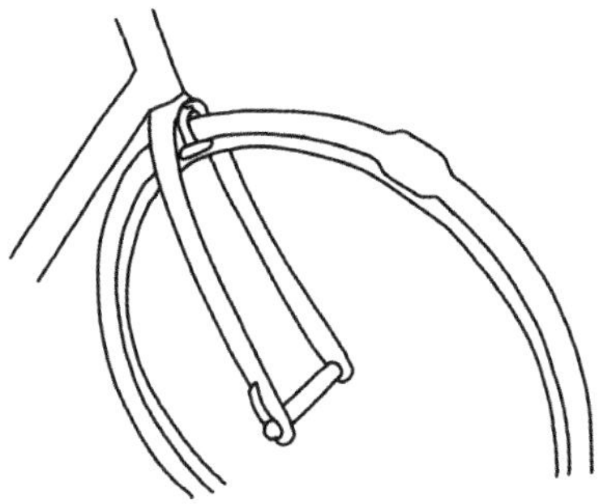

REIFENPANNE
BEHEBEN

LESE-
ZEICHEN

SUPPE
UMRÜHREN

MINI-
TELLER

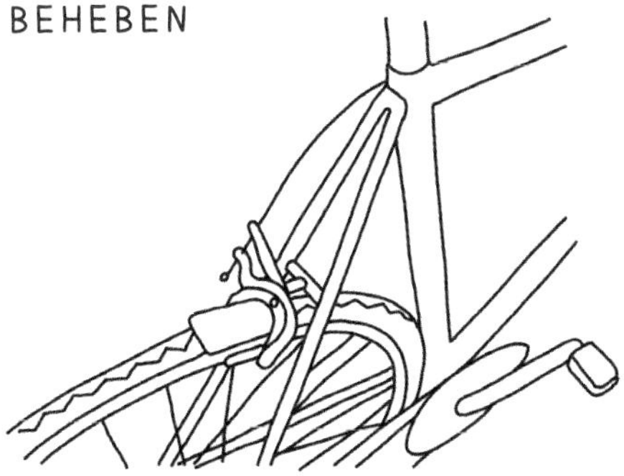

KLEINES SCHUTZBLECH

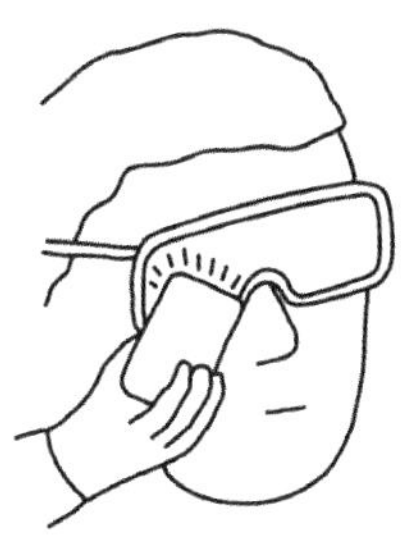

EIS VON DER
SONNENBRILLE
KRATZEN

IN DER EISENBAHN

WIE MAN DAS RAD IM ZUG MITNIMMT

BUCHEN SIE EINEN STELLPLATZ IM FAHRRADABTEIL (FALLS ERFORDERLICH)

SUCHEN SIE DEN WAGGON, IN DEM SICH DAS FAHRRADABTEIL BEFINDET

STELLEN SIE FEST, DASS DER PLATZ FÜR FAHRRÄDER MIT KOFFERN VOLLGESTELLT IST, UND VERBRINGEN SIE DIE KOMPLETTE FAHRT IN DER SORGE, IHR RAD KÖNNTE IRGENDWEM IM WEG SEIN

BRECHEN SIE IRGENDWANN ERSCHÖPFT ZUSAMMEN

GEFÄLLE UND STEIGUNG

SELTSAM, ABER IRGENDWIE FÜHRT DIE STRASSE SCHEINBAR IMMER BERGAUF

ENTSCHULDIGUNG AN M.C. ESCHER

DAS URBANE PELOTON

GANZ IN LYCRA
(DENKT WOMÖGLICH, ES HANDELT SICH UM EIN RENNEN)

HIPSTER MIT FIXIE

LASTENRAD FÜR LIEFERUNGEN

TOURIST AUF EINEM LEIHRAD
(ETWAS VERLOREN WIRKEND)

HANDBIKE

FALTRAD FÜR DIE MIT- NAHME IM ZUG

E-BIKE
(BERGE KEIN HINDERNIS)

ELTERN MIT KINDERN

ÄLTERE PERSON, DIE RAD FÄHRT, WIE SIE ES IMMER GETAN HAT

PENDLER

E-SCOOTER

NORMALES RAD, NORMALE KLEIDUNG

RADFAHREN BEI JEDEM WETTER

GEWAPPNET FÜR ALLE BEDINGUNGEN

GRAU UND BEWÖLKT

SONNENSCHEIN

REGEN

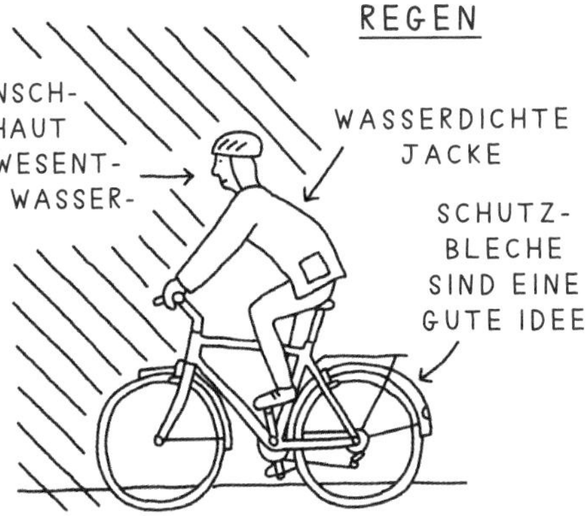

KALT

KLEINGEDRUCKTES: GLATTEIS KÖNNTE EIN GRUND SEIN, DOCH EINMAL VOR DEN ÄUSSEREN BEDINGUNGEN ZU KAPITULIEREN

WINDIG

KAPITEL 5

VERKEHR

WARUM MANCHE NICHT RAD FAHREN

SICH FORTBEWEGEN

JEDER MUSS VON A NACH B KOMMEN

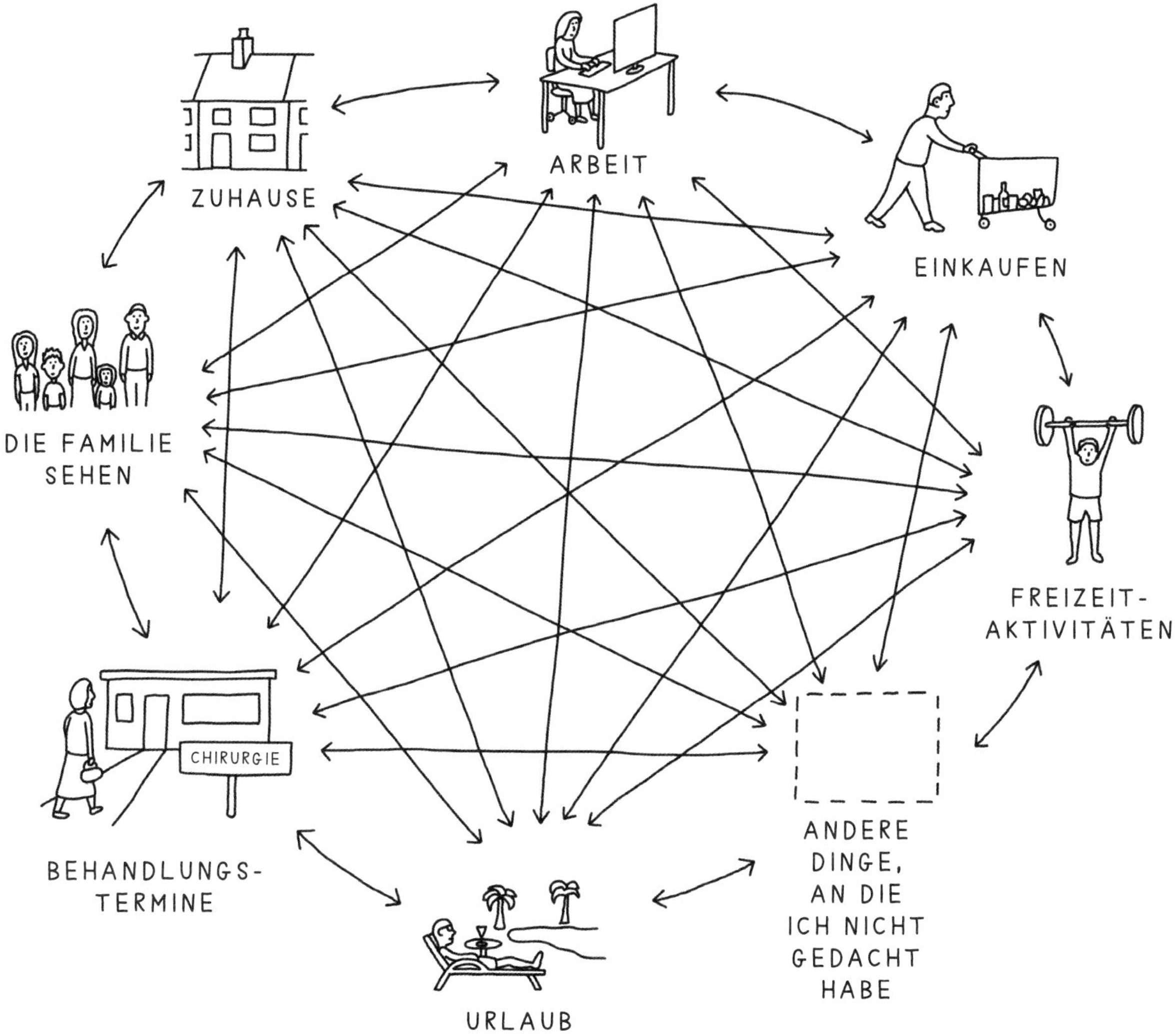

SPOILER GELÖSCHT

IN DIESEM BUCH GEHT'S DARUM, WIE MAN DIESE WEGE ERLEDIGT. DIE BESTE OPTION IST

DER STATUS QUO

ES SIND
VIEL ZU VIELE
AUTOS UNTERWEGS

AUF DEM RAD FÜHLT MAN
SICH IM STRASSENVERKEHR
NICHT SICHER

»AM BESTEN
NEHMEN WIR DOCH
WIEDER DAS AUTO«

UMWELTBELASTUNG

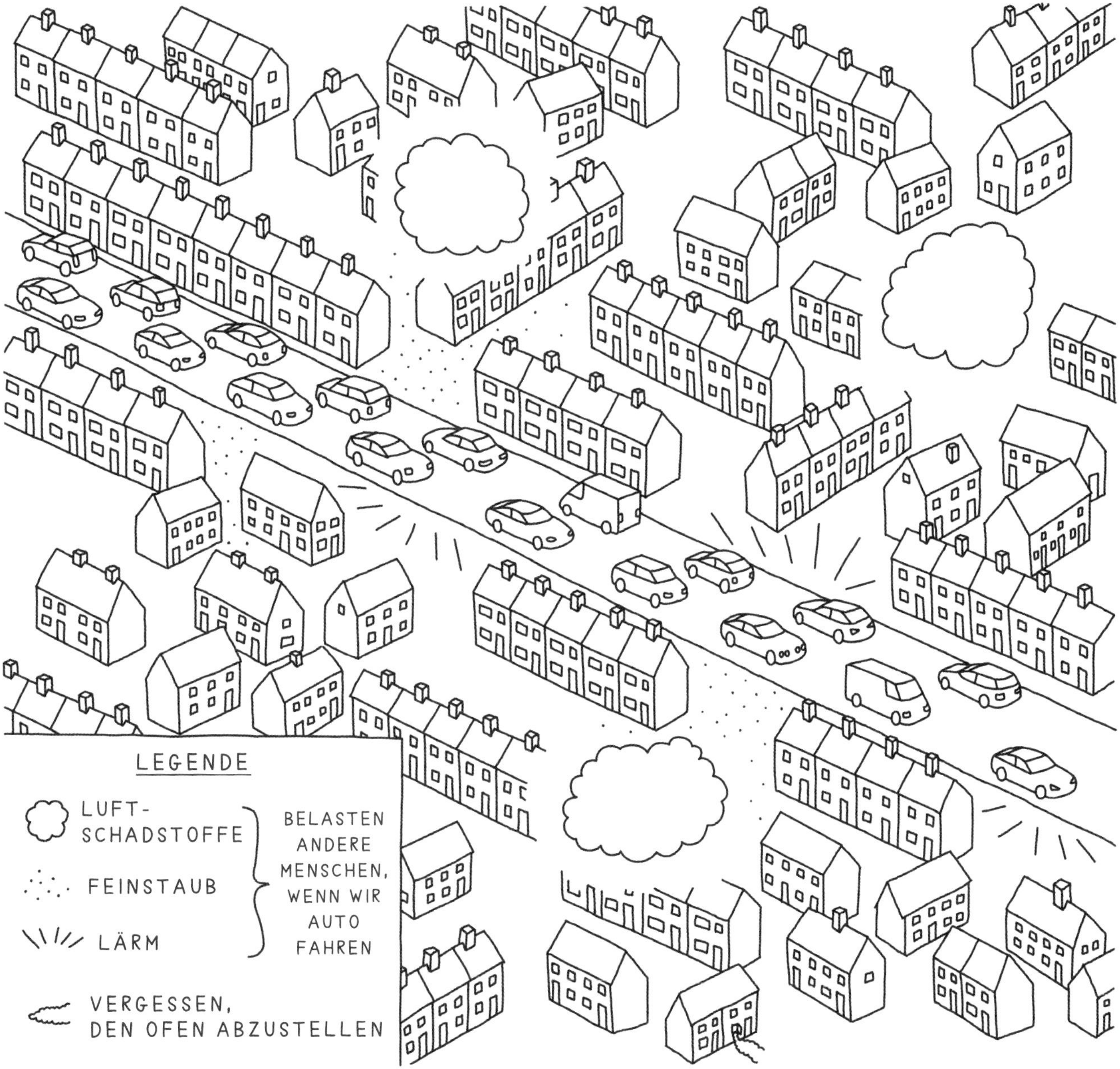

DIE KLIMAKRISE

WAS ES IST

UNSERE ERDE ERWÄRMT SICH AUFGRUND MENSCHLICHER AKTIVITÄTEN

↑

WISSENSCHAFTLICHE TATSACHE

WAS DIE URSACHE IST

VERKEHR IST FÜR CIRCA 16 % DER GLOBALEN TREIBHAUSGAS-EMISSIONEN VERANTWORTLICH

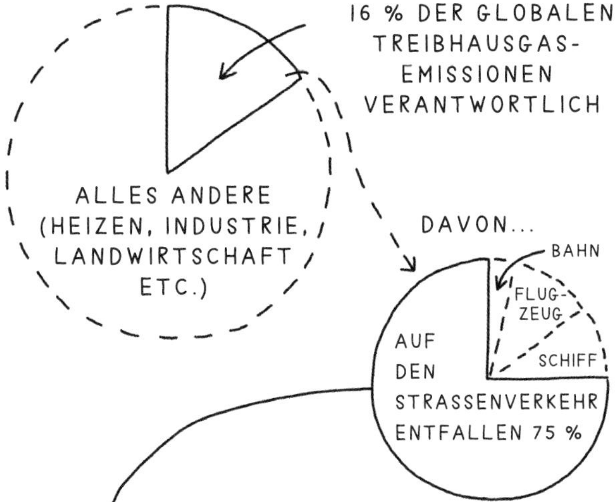

WAS DAVON BEEINFLUSST WIRD

DAS WETTER

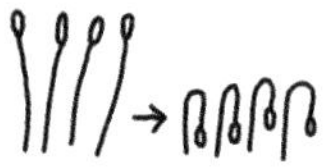

LEBENSMITTEL VERSORGUNG

DER MEERESSPIEGEL

DIE TIERWELT

ORTE, DIE SIE MÖGEN

MENSCHEN, DIE SIE MÖGEN

VERMUTLICH DIE GRÖSSTE HERAUSFORDERUNG, MIT DER SICH DIE MENSCHHEIT KONFRONTIERT SIEHT

WAS PASSIEREN MUSS

ETLICHE DINGE, ABER EINE VERRINGERUNG DER EMISSIONEN DES STRASSENVERKEHRS IST VON ZENTRALER BEDEUTUNG

ELEKTROFAHRZEUGE WERDEN EINE ROLLE SPIELEN MÜSSEN, ABER...

AUCH DEREN HERSTELLUNG VERURSACHT GROSSE MENGEN AN TREIBHAUSGAS-EMISSIONEN

VIELE WEGE LASSEN SICH MIT DEM RAD ERLEDIGEN

STAUS

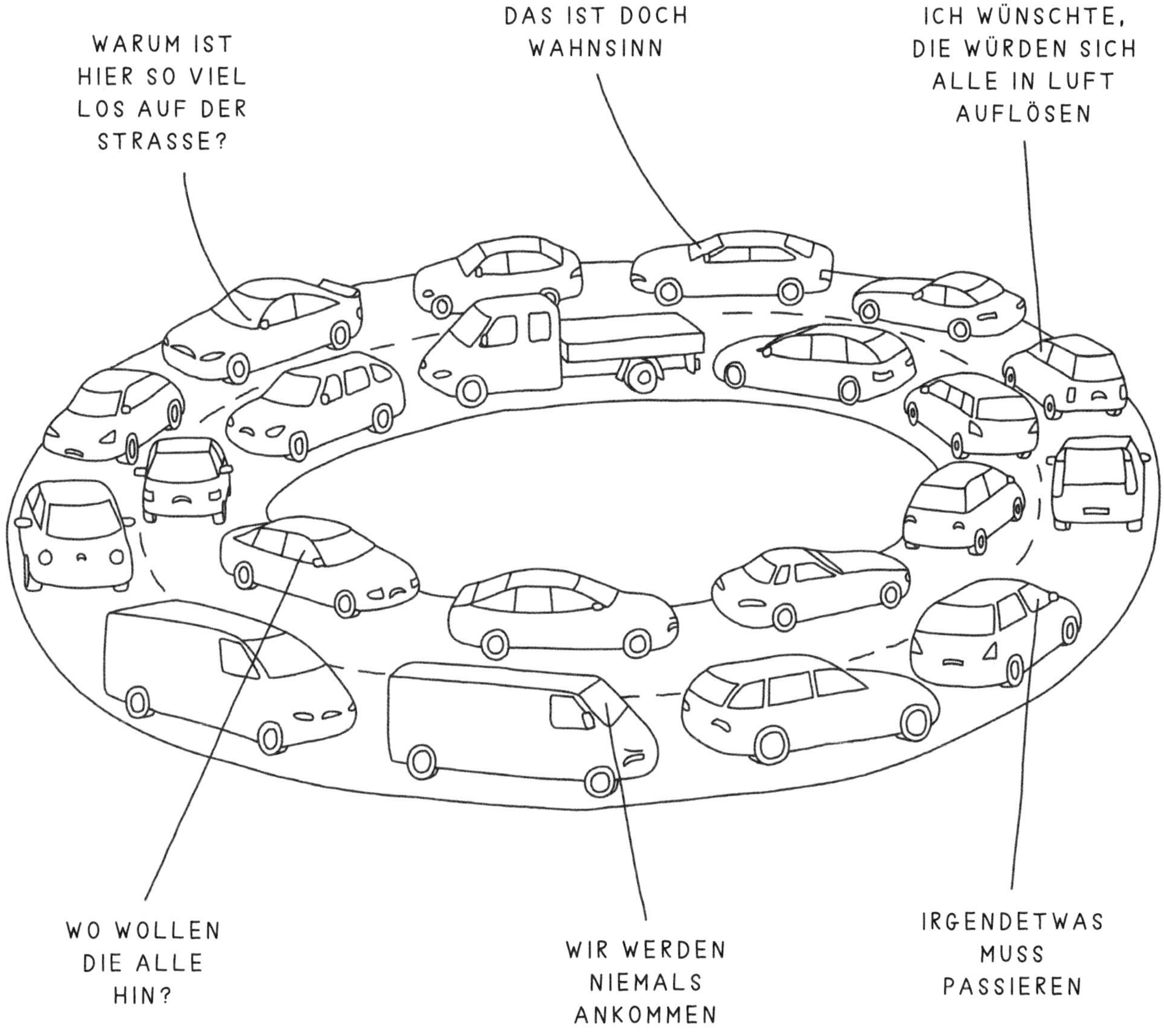

WARUM IST HIER SO VIEL LOS AUF DER STRASSE?
DAS IST DOCH WAHNSINN
ICH WÜNSCHTE, DIE WÜRDEN SICH ALLE IN LUFT AUFLÖSEN
WO WOLLEN DIE ALLE HIN?
WIR WERDEN NIEMALS ANKOMMEN
IRGENDETWAS MUSS PASSIEREN

IN DER STRASSENBAUBEHÖRDE

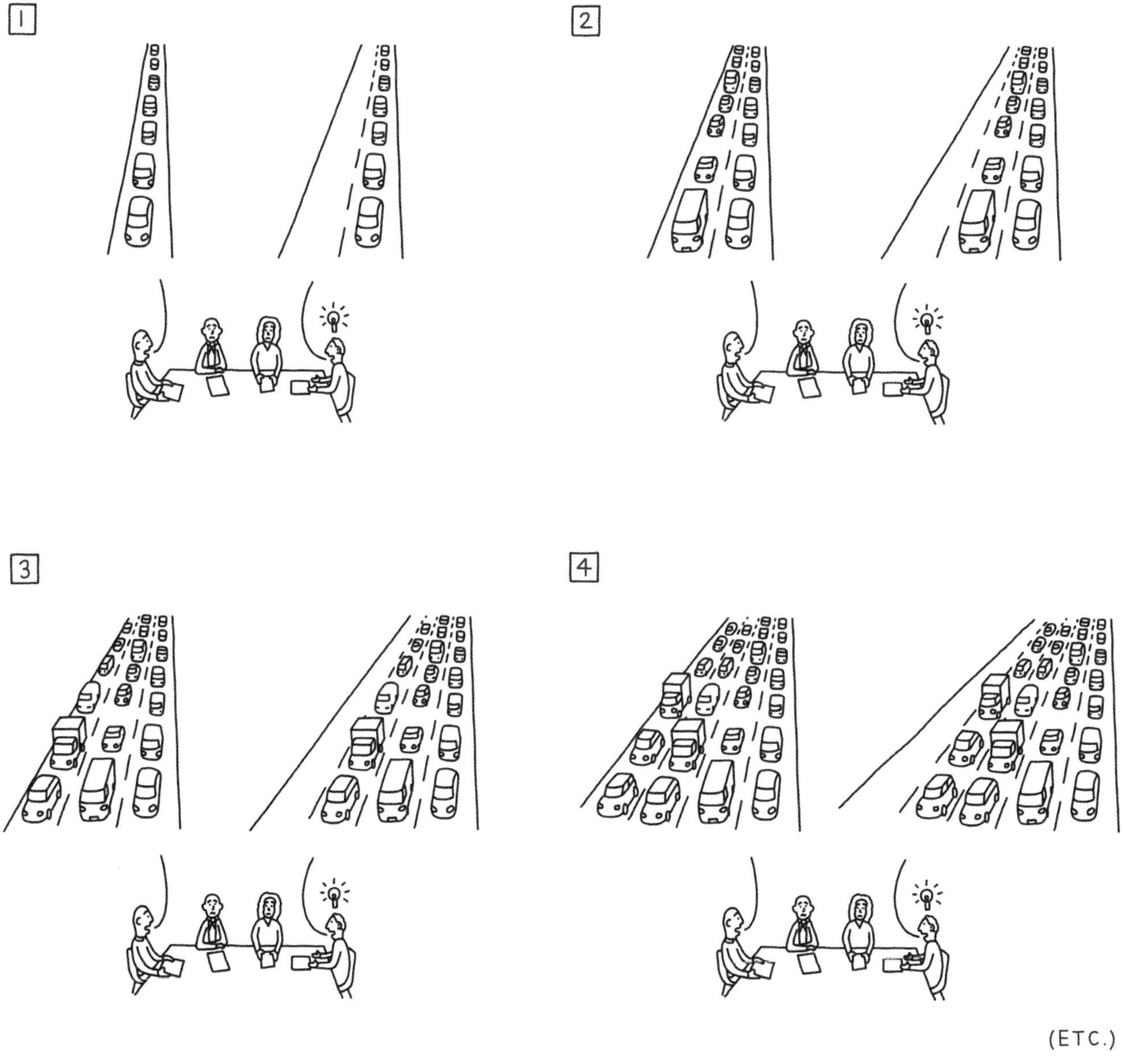

AUTOS

SIE WERDEN IMMER GRÖSSER

VOR EINIGER ZEIT ⟶ KÜRZLICH NOCH ⟶ HEUTE

WORAN LIEGT DAS?

VIELLEICHT WOLLEN DIE LEUTE GROSSE AUTOS, DAMIT SIE AUF LEUTE IN KLEINEN AUTOS HERUNTERSCHAUEN KÖNNEN

GROSSE AUTOS SIND PRAKTISCH, UM ETWAS ZU ZIEHEN

IN GROSSEN AUTOS FÜHLEN SICH DIE LEUTE WICHTIG

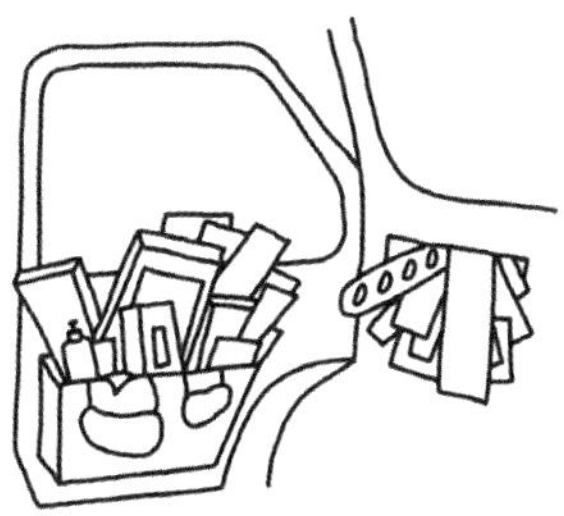

ODER SIE BESITZEN EINFACH EINE MENGE ZEUG, DAS SIE IN HANDSCHUH- UND TÜRABLAGE-FÄCHERN UNTERBRINGEN MÜSSEN

ABSTELLEN

VON PRIVATEM EIGENTUM AUF DER STRASSE

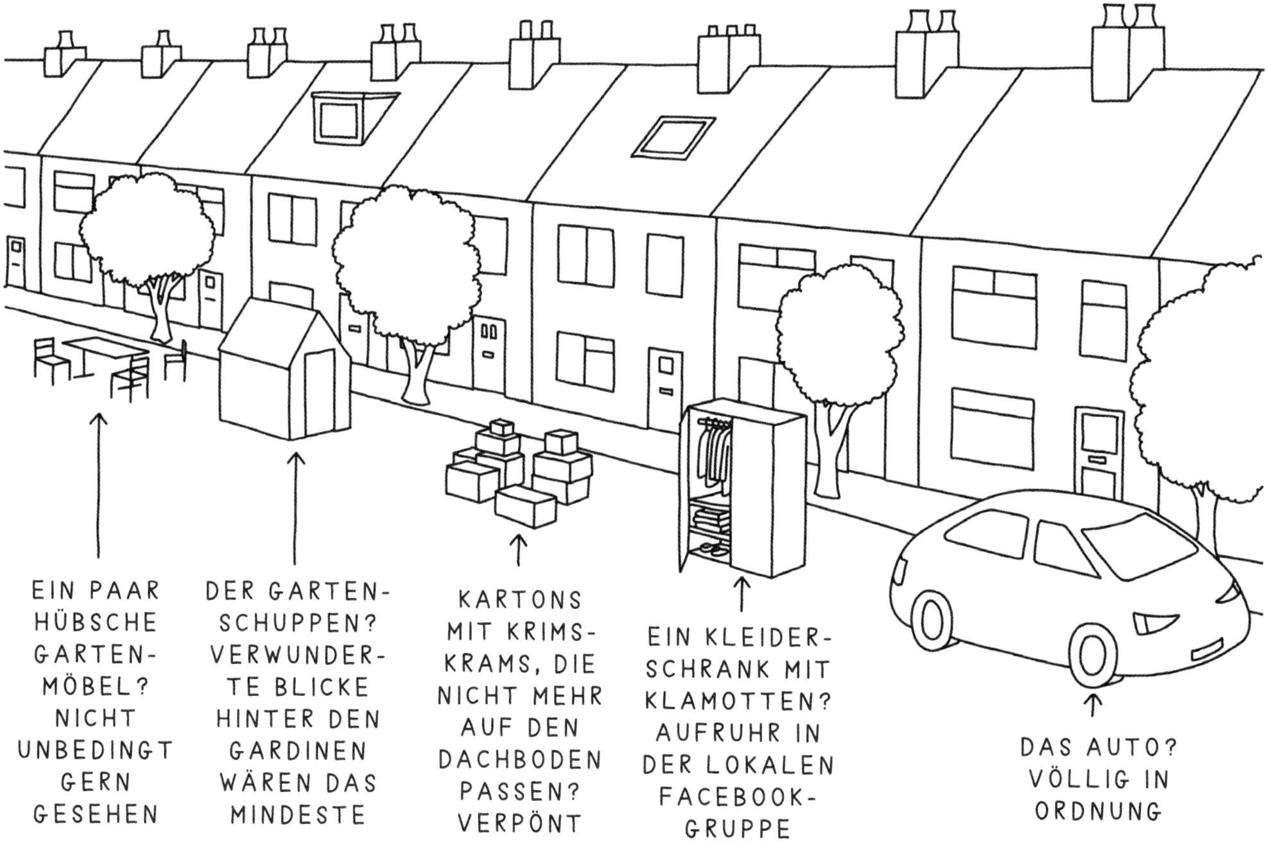

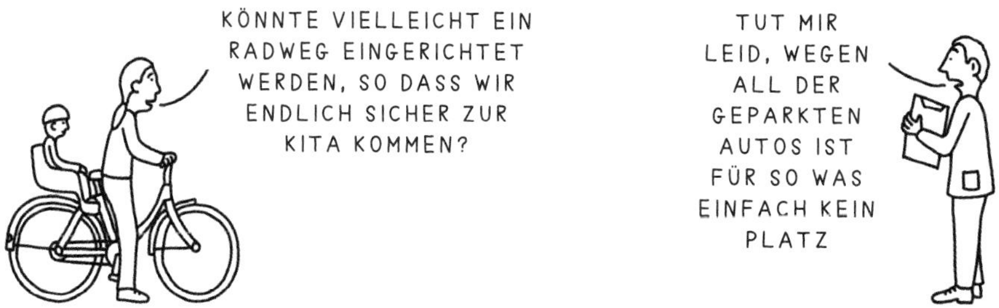

RADFAHREN IN DER STADT

DIE REALITÄT

TAXIS

MOTORRÄDER (TEMPOLIMITS SCHEINEN NICHT ZU GELTEN)

ZU DICHT ÜBERHOLENDE AUTOS

BUSSE

STRASSENBAHN-SCHIENEN

SCHLAGLÖCHER

ANDERE RADFAHRER AUF ZICKZACKKURS

TELEFONIERENDE FUSSGÄNGER

RADWEGE, DIE EINFACH IM NICHTS ENDEN

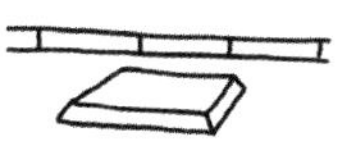

ERHÖHTE GULLY-DECKEL

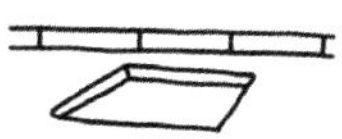

ABGESENKTE GULLY-DECKEL

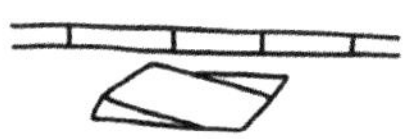

WENIG VERTRAUENSWÜRDIGE GULLYDECKEL

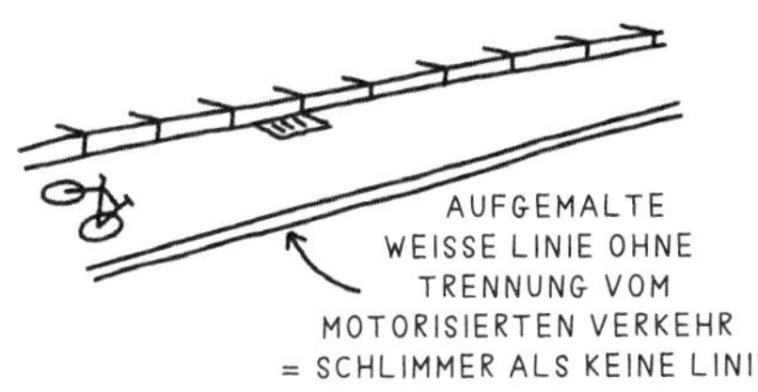

VOLLKOMMEN UNSINNIGE FAHRRADSTREIFEN

IST ES EIN RENNEN?

DINGE, DIE KEIN RENNEN SIND

DIE FAHRT ZUR ARBEIT

ALS ERSTER AN DER NÄCHSTEN ROTEN AMPEL ANKOMMEN

DIE STRECKE, DIE MAN REGELMÄSSIG ZU FAHREN HAT

SICH AN ALLEN VORBEI-DRÄNGELN, DIE VOR EINEM SIND

DINGE, DIE EIN RENNEN SIND

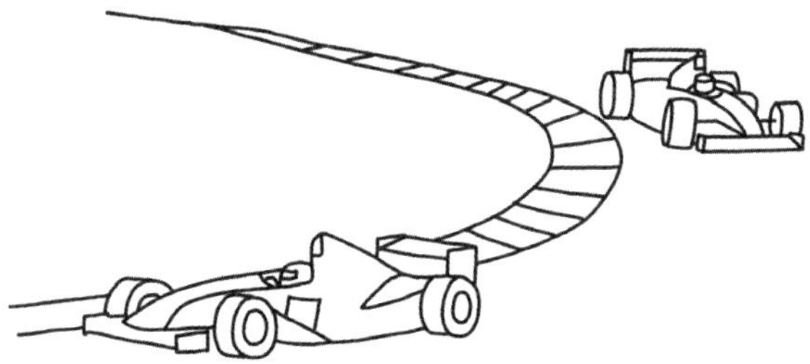

EIN OFFIZIELLES AUTORENNEN

SPRACHE

WIE SIE BEEINFLUSST, WIE WIR ÜBER DAS GESCHEHEN AUF DER STRASSE DENKEN

»IN XY EREIGNETE SICH EIN VERKEHRS-UNGLÜCK«

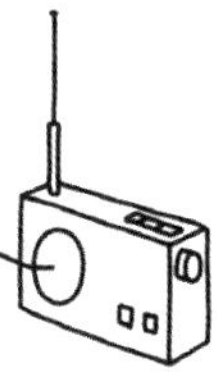

IMPLIZIERT, DASS DIES NUR EINES DIESER DINGE IST, DIE NUN MAL PASSIEREN, AN DENEN NIEMAND DIE SCHULD TRÄGT UND DIE WIR DESHALB EINFACH SO HINNEHMEN MÜSSEN →

»RADFAHRER«

WIRD MANCHMAL VERWENDET, UM MENSCHEN AUF FAHRRÄDERN WIE EINE FREMDE SPEZIES ERSCHEINEN ZU LASSEN UND NICHT WIE NORMALE MENSCHEN (ALSO FREUNDE, KOLLEGEN, KINDER, ELTERN, VERWANDTE…)

EIN RADFAHRER KOLLIDIERTE MIT EINEM AUTO

SUGGERIERT, DASS DIE SCHWÄCHERE PARTEI DIE VERANT-WORTUNG TRÄGT UND DEN SCHADEN VERURSACHT HAT

ABER AUCH…

EIN AUTO ERFASSTE EINEN RADFAHRER

KEIN WORT DARÜBER, DASS EIN FAHRER BETEILIGT WAR

INNOVATIONEN

DIE DAZU BEITRAGEN, DAS AUTO IN DER STADT ABZULÖSEN

WIRD NIEMALS FUNKTIONIEREN (SORRY)

FAHRERLOSES AUTO →

AUTOLOSER FAHRER

SPEZIALUMBAU EXTRA DAFÜR KONZIPIERT, UM AUF TOTAL VERSTOPFTEN STRASSEN NOCH BESSER NICHT VORANZUKOMMEN

HAMSTERRAD MIT FAHRBAHN (FÜR ALLE, DIE EINFACH NUR UNBEDINGT AUTO FAHREN WOLLEN – GANZ EGAL, WIE UND WO)

EINPARK-KOORDINATOR

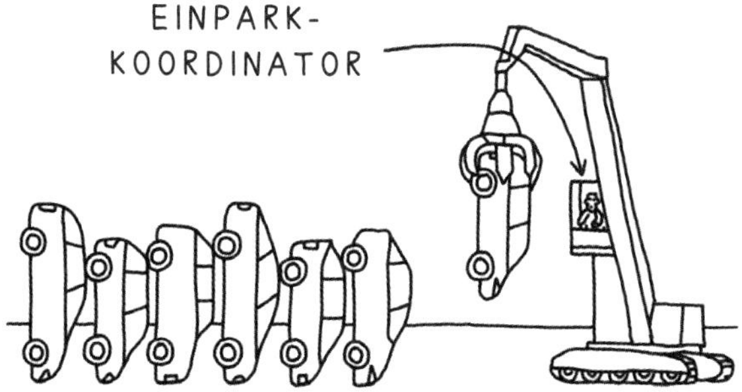

VERTIKALES PARKEN, UM PLATZ ZU SPAREN

MASSIVE INVESTITIONEN IN SAUBERE UND NACHHALTIGE ALTERNATIVEN

UMSICHTIGE AUTOFAHRER

WIR DANKEN EUCH

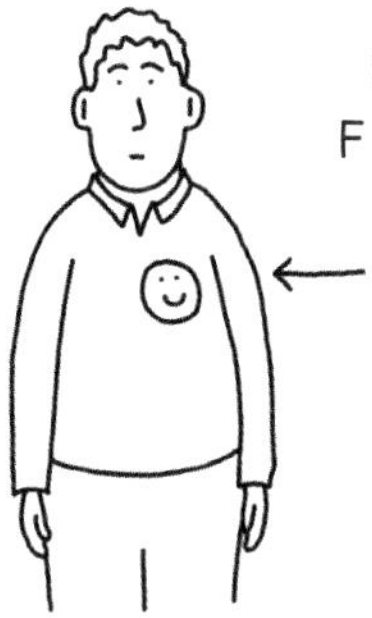

EIN ABZEICHEN FÜR DEN FAHRER, DER NICHT MITTEN AUF DEM RADWEG GEPARKT HAT

EIN SOCKEL FÜR DIE FAHRERIN, DIE ZEHN SEKUNDEN GEWARTET HAT, BIS EIN SICHERES ÜBERHOLEN MÖGLICH WAR

EIN GROSSES PRÄSENT FÜR DEN FAHRER, DER BIS ZUM ENDE DER FAHRT GEWARTET HAT, BEVOR ER AUFS HANDY SCHAUTE

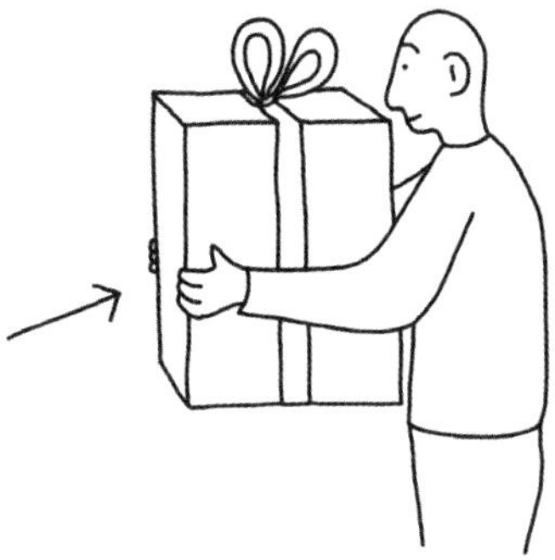

EIN EMPFEHLUNGS-SCHREIBEN FÜR DIE FAHRERIN, DIE UMSICHT HAT WALTEN LASSEN, ALS SIE AN DER KREUZUNG WENDETE

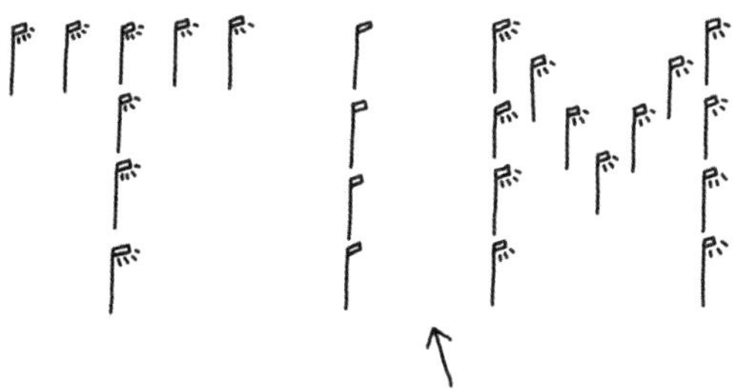

DER GROSS IN STRASSENLATERNEN GESCHRIEBENE NAME FÜR DEN FAHRER, DER SICH NACHTS ANS TEMPOLIMIT GEHALTEN HAT

HÖFLICHER APPLAUS FÜR DIE FAHRERIN, DIE ZWEI METER ABSTAND GEHALTEN HAT, ALS SIE ÜBERHOLTE

STRASSENVERKEHR DER ZUKUNFT

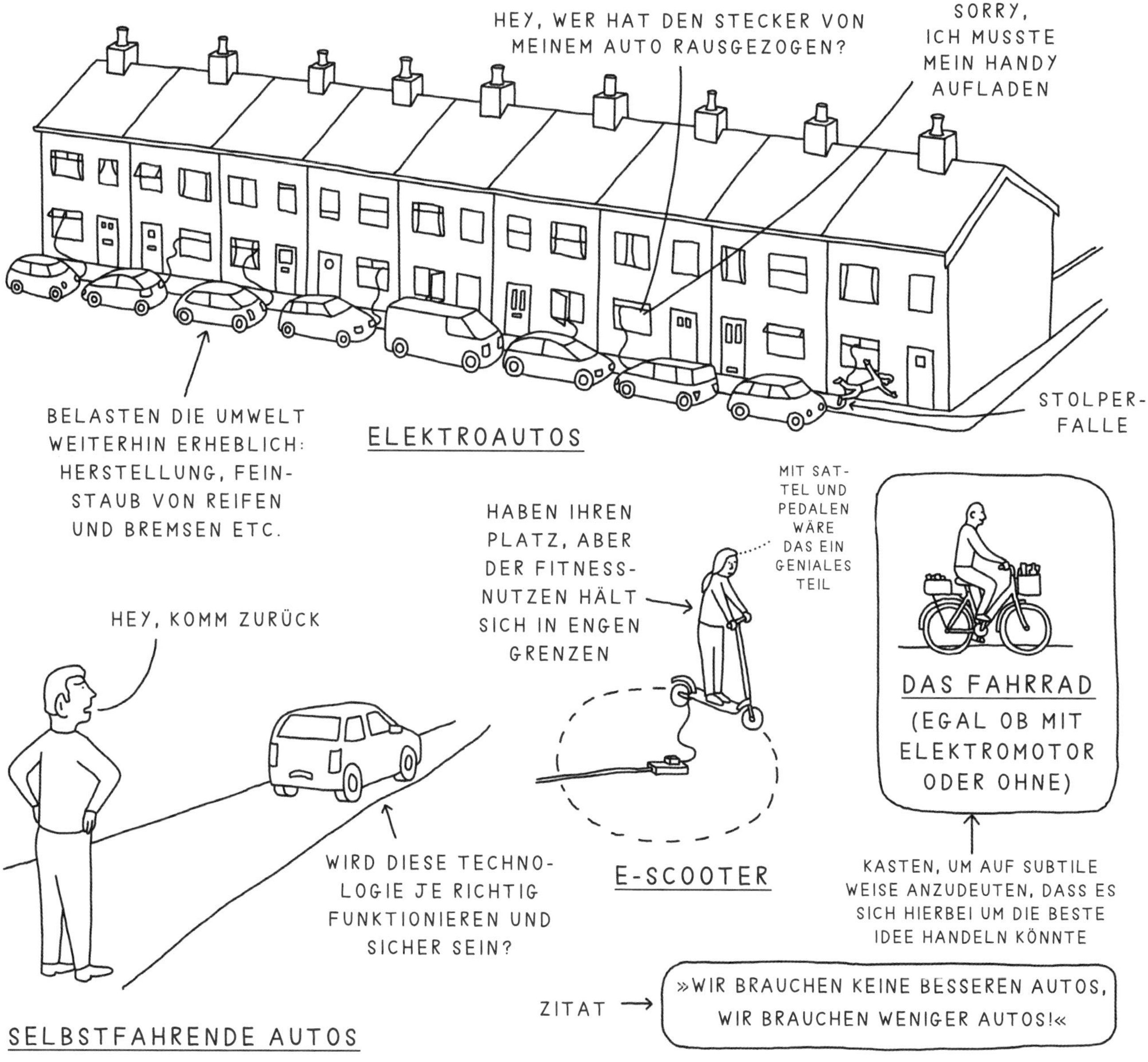

KAPITEL 6

SICHERHEIT

WAS WÜRDE DAS RADFAHREN SICHERER MACHEN?

DIE NATÜRLICHEN FEINDE

VON MENSCHEN, DIE FAHRRAD FAHREN

SCHERBEN

DIE UNZUVERLÄSSIGE WETTERVORHERSAGE

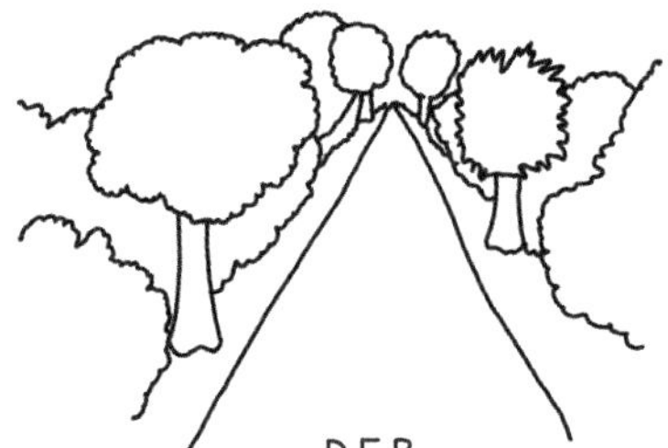

DER ALLZU ABGELEGENE WEG

ALS PFÜTZEN GETARNTE SCHLAGLÖCHER

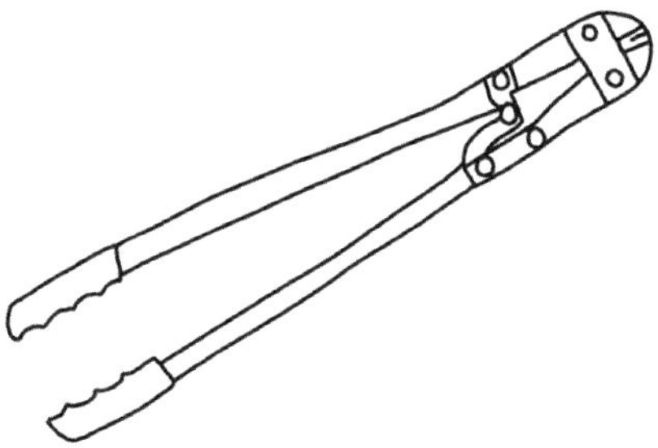

DER BOLZENSCHNEIDER

AUTOTÜREN

NICHT VERKEHRS-TAUGLICHER IDIOT LINKS

NICHT VERKEHRS-TAUGLICHER BLINKER RECHTS

WAS RADFAHREN SICHERER MACHT

LAUT DEN LEUTEN IM INTERNET

FAHRRAD-HELME

LAUT AKTUELLEN STUDIEN UND STATISTIKEN

FAHRRADWEGE BAULICH VOM MOTORISIERTEN VERKEHR TRENNEN

AUTOFAHRER AUFKLÄREN

TEMPOLIMITS DURCHSETZEN

SPEZIELLE RADROUTEN FÜR AUTOS SPERREN

GESETZLICHER MINDESTABSTAND BEIM ÜBERHOLEN

WIEDERHOLUNGSTÄTER AUS DEM VERKEHR ZIEHEN

INVESTITIONEN IN DEN RAD- UND FUSSVERKEHR

WENN ES GELÄNGE, DIE LEUTE VOM SOFA ZU KRIEGEN, HÄTTEN WIR EINE DEUTLICH GESÜNDERE BEVÖLKERUNG

SICHERER ÜBERHOLABSTAND

GEMESSEN IN HAUSHALTSGERÄTEN

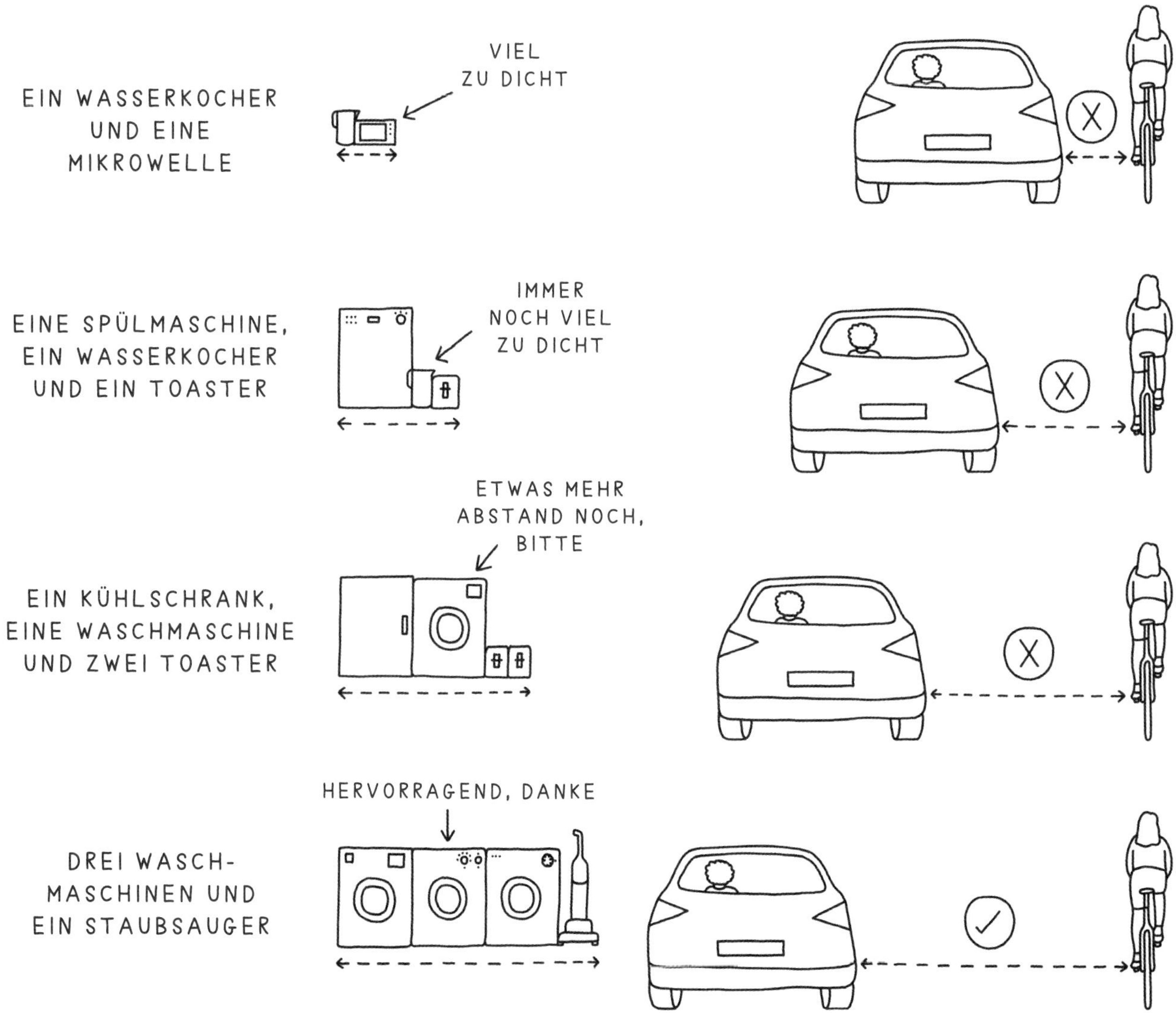

DIE GOLDENE REGEL

ANDERE LEUTE ÜBER-HOLEN

FUSSGÄNGER

DIE KLINGEL BENUTZEN, DAMIT DIE LEUTE WISSEN, DASS MAN DA IST

ABBREMSEN UND BEIM ÜBERHOLEN VIEL PLATZ LASSEN

REITER UND IHRE PFERDE

DIE LEUTE WISSEN LASSEN, DASS MAN DA IST (ABER NICHT KLINGELN, DA DAS PFERD SICH ERSCHRECKEN UND DURCHGEHEN KÖNNTE)

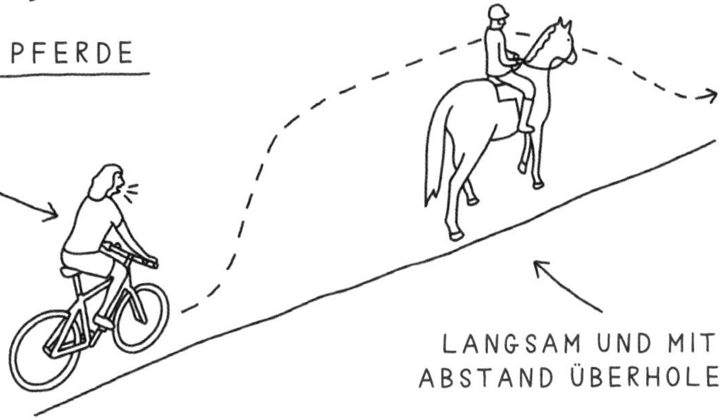

LANGSAM UND MIT ABSTAND ÜBERHOLEN

WIE MAN ÜBER-HOLT WERDEN MÖCHTE

AUTOFAHRER

DIE GEFÄHR-LICHEN DER POLIZEI MELDEN – VIELLEICHT IST AUTO-FAHREN EINFACH NICHT DAS RICHTIGE FÜR DIESE LEUTE

MINDESTENS 1,50 METER

DEN UMSICHTIGEN DANKEN, WENN SICH DIE GELE-GENHEIT ERGIBT

SICHERHEIT IM STRASSENVERKEHR

MIT MEHR FAHRZEUG SOLLTE AUCH MEHR VERANTWORTUNG EINHERGEHEN

EINE ENTSPRECHENDE VERANTWORTUNGSHIERARCHIE
SOLLTE IN DER STRASSENVERKEHRSORDNUNG VERANKERT WERDEN

HELMTRAGEN BEIM RADFAHREN

DIVERSE ANMERKUNGEN ZU EINEM KONTROVERSEN THEMA

DIE LÄNDER, IN DENEN DAS RADFAHREN WELTWEIT AM SICHERSTEN IST, HABEN AUCH DIE GERINGSTEN RADHELM-BENUTZUNGSQUOTEN.

»ACH, DAS IST DOCH NUR SO, WEIL SIE DORT EINE SO GUTE RADFAHR-INFRASTRUKTUR HABEN«, IST EIN HÄUFIGER EINWAND. VIELLEICHT STIMMT DAS. ABER SELBST DANN WÜRDE ES NUR BESTÄTIGEN, DASS DIE AUTOFAHRER DAS PROBLEM SIND – RADFAHREN AN SICH IST EINE SICHERE AKTIVITÄT.

EIN BEKANNTER HELMPRODUZENT HAT VERLAUTEN LASSEN, DASS FAHRRADHELME NICHT DAFÜR KONZIPIERT SIND, SCHUTZ BEI UNFÄLLEN ZU BIETEN, IN DIE MOTORISIERTE FAHRZEUGE INVOLVIERT SIND.

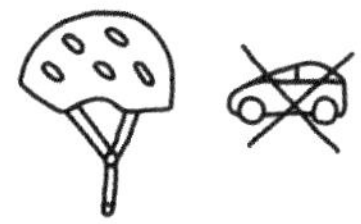

STUDIEN HABEN ERGEBEN, DASS DAS TRAGEN EINES HELMS DAS RISIKO EINER HIRNVERLETZUNG VERRINGERT (WIE ES DAS GENAUSO AUCH BEI FUSSGÄNGERN UND AUTOFAHRERN TUN WÜRDE).

ICH TRAGE NORMALERWEISE EINEN HELM, WENN ICH IM STRASSENVERKEHR UNTERWEGS BIN, WEIL SICH MEIN VERTRAUEN IN AUTOFAHRER IN GRENZEN HÄLT (WAS DARAUF HINAUSLÄUFT, DASS ICH SELTEN MIT DEM RAD AUF DER STRASSE FAHRE, DA ICH MICH DORT NICHT SICHER FÜHLE).

ICH TRAGE KEINEN HELM, WENN ICH GEMÜTLICH ÜBER RADWEGE JUCKELE.

LÄNDER, DIE EINE HELMPFLICHT EINGEFÜHRT HABEN, MACHTEN DIE ERFAHRUNG, DASS SICH DER ANTEIL DER MENSCHEN, DIE RAD FAHREN, NEGATIV ENTWICKELT HAT (UND DAMIT AUCH DIE GESUNDHEIT DER BEVÖLKERUNG).

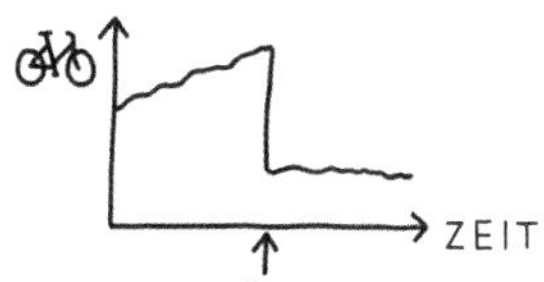

LETZTENDLICH IST ES IHRE PERSÖNLICHE ENTSCHEIDUNG. TRAGEN SIE EINEN HELM ODER LASSEN SIE ES SEIN. SIE HABEN DIE WAHL.

SICHERHEIT

WAS MAN EBENFALLS TUN MÜSSTE, WENN MAN DARAUF BESTEHT, DASS ANDERE LEUTE BEIM RADFAHREN EINEN HELM TRAGEN

LEUTEN IM BIERGARTEN IHRE GLÄSER WEGNEHMEN

ANDERER LEUTE ZIGARETTEN LÖSCHEN

ALLE LEITERN FESTKETTEN

DAFÜR SORGEN, DASS SICH NIEMAND AUF DEM SOFA AUSRUHT

ODER ALTERNATIV: DIE LEUTE SELBST ENTSCHEIDEN LASSEN, OB SIE DIESE DINGE TUN MÖCHTEN

SICHERHEITSMASSNAHMEN

EIN RIESIGER AUFBLASBARER HELM

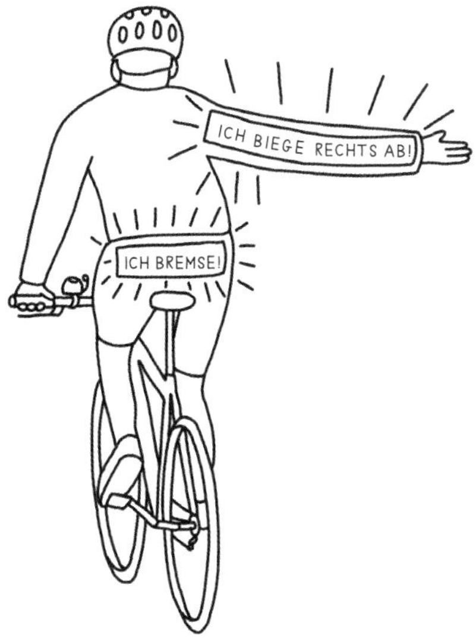

IN DIE KLEIDUNG INTEGRIERTE ANZEIGEN

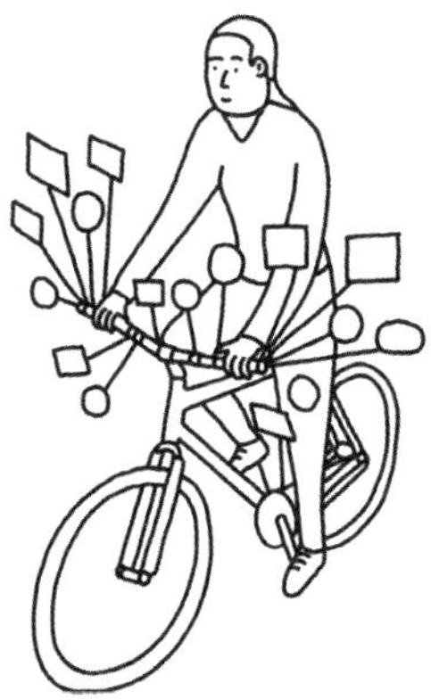

EINE VIELZAHL VON RÜCKSPIEGELN

ODER ALTERNATIV

SICHEREN VERKEHRSRAUM
FÜR RADFAHRER SCHAFFEN

KAPITEL 7

EINWÄNDE

BESCHWERDEN ÜBER »DIE RADFAHRER«

RADWEGE

WARUM RADFAHRER SIE NICHT IMMER BENUTZEN

MÜSSEN VERMEINTLICHE RADWEGE ZWANGSLÄUFIG BENUTZT WERDEN?

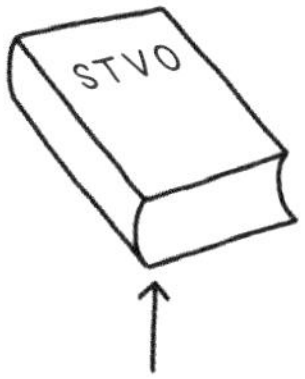

ANTWORT: NEIN (QUELLE)

WENN SIE GUT GEPLANT UND GEBAUT SIND, WERDEN DIE LEUTE SIE AUCH BENUTZEN

ABER WENN ES SICH NUR UM EINE AUFGEPINSELTE WEISSE LINIE HANDELT...

WENN MAN AN JEDER KLEINEN NEBENSTRASSE UND JEDER AUSFAHRT IM GEGENSATZ ZU DEN AUTOS ANHALTEN MUSS...

WENN SIE EINE EINZIGE RUMPELPISTE SIND...

WENN SIE NUR DORT HINFÜHREN, WO NIEMAND HINWILL...

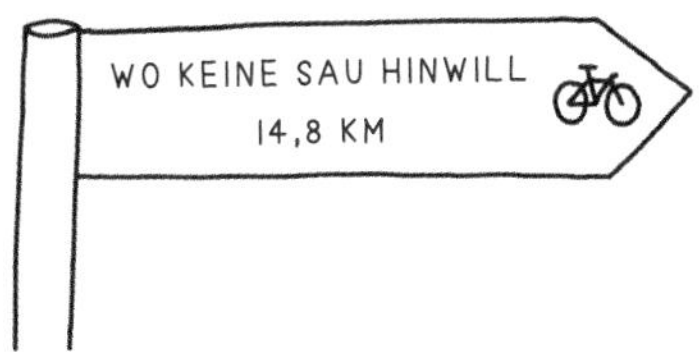

... DANN WERDEN DIE LEUTE SIE WOHL KAUM BENUTZEN

STEUERN UND VERSICHERUNG

RADFAHRER SOLLTEN AUCH VERSICHERUNG UND STEUERN ZAHLEN MÜSSEN

STEUERN

ES GIBT KEINE SPEZIELLE STRASSENBENUTZUNGSSTEUER

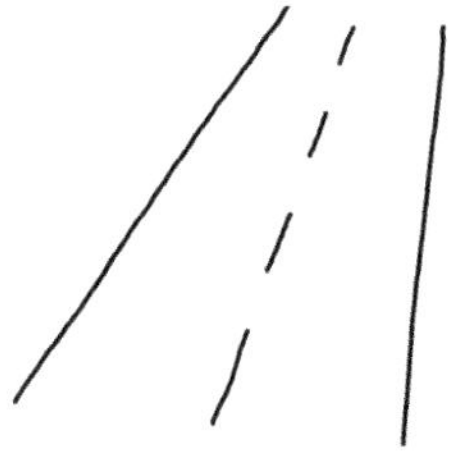

STRASSEN WERDEN AUCH AUS ALLGEMEINEN STEUERN FINANZIERT

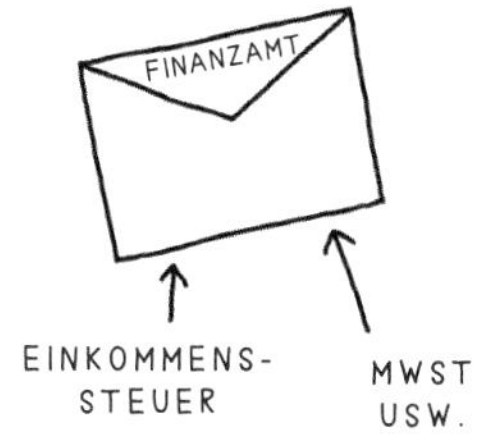

VERSICHERUNG

VIELE VON UNS HABEN EINE VERSICHERUNG ÜBER DIE MITGLIEDSCHAFT IN EINEM RADSPORTVEREIN ODER EINER ANDEREN RADFAHRERORGANISATION

ABER DIE KOSTET NICHT VIEL, WEIL WIR KEIN GROSSES RISIKO FÜR ANDERE VERKEHRSTEILNEHMER DARSTELLEN

DIE HÖHE DER KFZ-STEUER RICHTET SICH NACH DEM CO_2-AUSSTOSS

HOCH

GERING

NULL

ABER ALL DIESE LEUTE ZAHLEN AUCH AUF ANDEREM WEGE STEUERN

JEDER HAT DAS GLEICHE RECHT, DIE STRASSEN ZU BENUTZEN

NATÜRLICH IST DAS EIN PFERD, WAS SONST?

VERKEHRSREGELN

»RADFAHRER HALTEN SICH DOCH EH NICHT DRAN«

ICH,
DER AN
EINER
ROTEN
AMPEL
HÄLT

DIE MEISTEN VON UNS TUN ES

AUTO MIT
TEMPO 150,
WO 120 KM/H
ERLAUBT SIND

(ODER MIT
50 KM/H IN
DER TEMPO-30-
ZONE ETC.)

ES WIRD IMMER LEUTE GEBEN, DIE SICH NICHT AN DIE REGELN HALTEN

WELCHE GEFAHREN RESULTIEREN AUS REGELVERSTÖSSEN?

GEWICHT

TEMPO

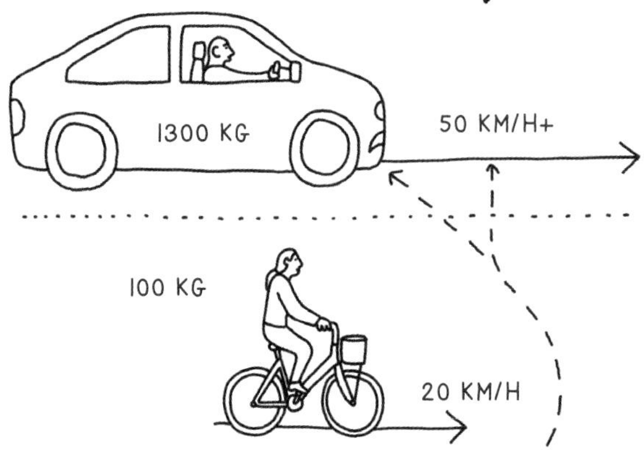

SIMPLE PHYSIK: DAS GEWICHT UND DAS TEMPO EINES AUTOS SIND EINE WESENTLICH GEFÄHRLICHERE KOMBINATION

VERANTWORTLICH FÜR FATALE VERKEHRSKOLLISIONEN

VIEL ZU HÄUFIG

SEHR, SEHR SELTEN

DURCH DIE
STATISTIKEN
BESTÄTIGT

DAS FAZIT

WIR SOLLTEN UNS LIEBER AUF DAS VERKEHRSMITTEL KONZENTRIEREN, DAS DEN GRÖSSTEN SCHADEN ANRICHTET

NEBENEINANDER FAHREN

»RADFAHRER SOLLTEN IMMER SCHÖN IN EINER REIHE HINTEREINANDER FAHREN«

ES IST SICHERER, LEUTE AUF FAHRRÄDERN ZU ÜBERHOLEN, WENN SIE IN ZWEIERREIHE NEBENEINANDER FAHREN

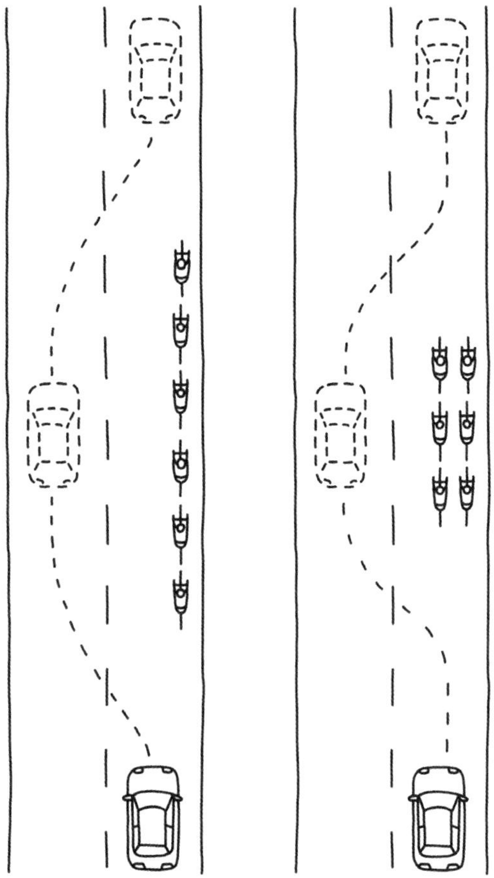

FAHRER BRAUCHT LÄNGER ZUM ÜBERHOLEN

FAHRER BRAUCHT WENIGER LANGE ZUM ÜBERHOLEN

ABER WENN WIR AUF DEM PRINZIP DER EINERREIHE BESTEHEN...

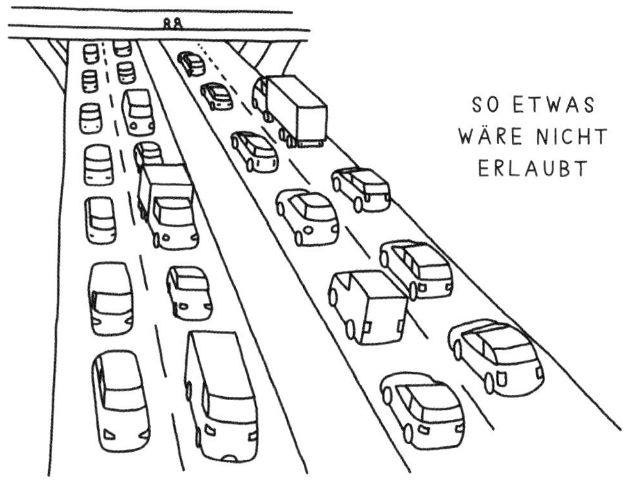

SO ETWAS WÄRE NICHT ERLAUBT

EINFÜHRUNG DES EINERREIHEN-PKW

KAMERAS

»RADFAHRER SOLLTEN KEINE KAMERAS BENUTZEN DÜRFEN, UM ARGLOSE AUTOFAHRER ZU ÜBERFÜHREN«

VIELE VON UNS HABEN EINE KAMERA AM HELM ODER LENKER, WEIL WIR ANGST HABEN, ANGEFAHREN ZU WERDEN, UND LEUTE KENNEN, DENEN DAS PASSSIERT IST

ES IST VERBOTEN, BEIM AUTOFAHREN AUFS HANDY ZU SCHAUEN – SELBST DANN, WENN DER VERKEHR GERADE STILLSTEHT. ES DROHEN UNFÄLLE, WENN ES WIEDER LOSGEHT UND FAHRER IHRE UMGEBUNG, ETWAIGE ZEBRASTREIFEN USW. NICHT WAHRNEHMEN

VIELERORTS REAGIERT DIE POLIZEI INZWISCHEN AUF VORGELEGTE VIDEOBILDER, UND DORT WO DIES NICHT DER FALL IST, SOLLTE SIE DAMIT ANFANGEN, UM DIE SICHERHEIT ALLER VERKEHRSTEILNEHMER ZU ERHÖHEN

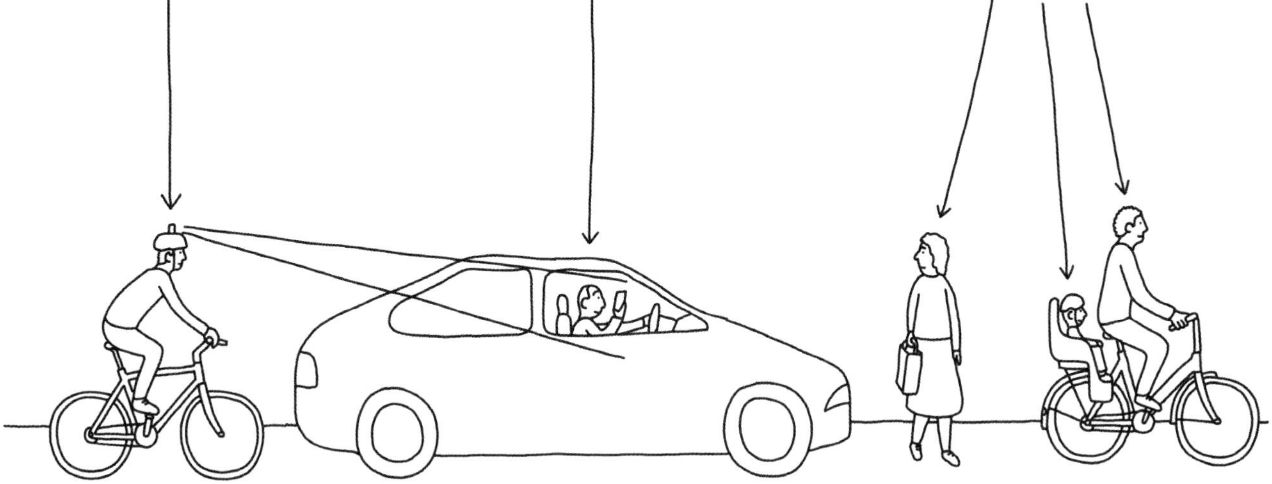

ZUSAMMENFASSUNG: WER SICH AN DIE REGELN HÄLT, HAT NICHTS ZU BEFÜRCHTEN

MIT HARTER HAND

»WIR MÜSSEN SCHÄRFER GEGEN RADFAHRER VORGEHEN«

AUTO

TÖTET TAG FÜR TAG MEHRERE MENSCHEN

ABGASE, DIE UNS ALLEN SCHADEN

LÄRM, DER MILLIONEN MENSCHEN KRANK MACHT

ZUNEHMENDE BELASTUNG DES GESUNDHEITSSYSTEMS

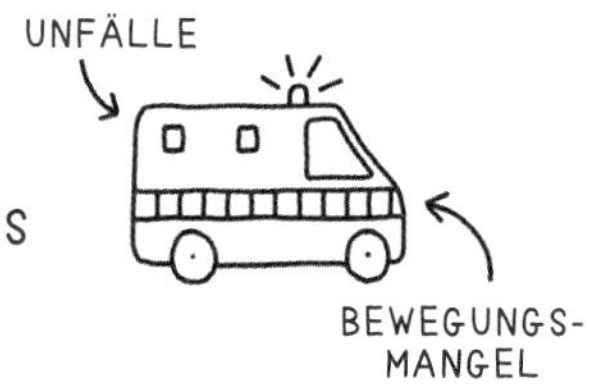

FAHRRAD

TÖTET PRAKTISCH NIEMANDEN –

KEINE LUFTVERSCHMUTZUNG –

LEISE –

FÖRDERT DIE GESUNDHEIT ✓

WENN WIR WIRKLICH SCHÄRFER GEGEN RADFAHRER VORGEHEN

MÜSSTEN WIR ERST RECHT SCHÄRFER GEGEN AUTOFAHRER VORGEHEN

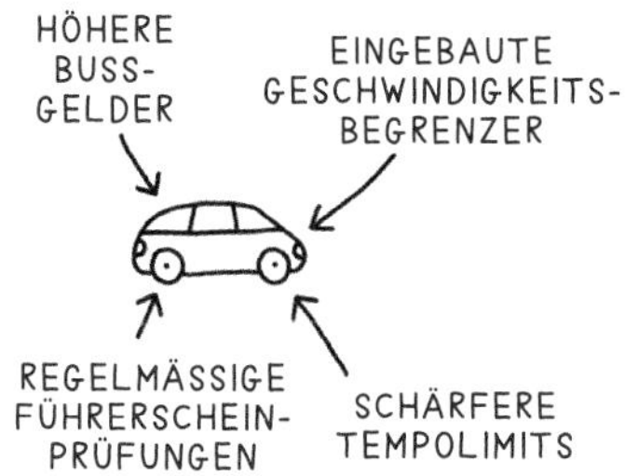

DIE RADFAHRER

GÄNGIGE SICHTWEISEN

BENUTZEN DIE STRASSEN, OHNE DAFÜR STEUERN ZU BEZAHLEN?

BENUTZEN NIE DEN RADWEG?

SELBSTERNANNTE, MIT KAMERAS BEWAFFNETE ORDNUNGSHÜTER?

NEHMEN IHNEN DEN PLATZ AUF DER STRASSE WEG?

SIND IHNEN BEIM AUTOFAHREN IM WEG?

EINE IN HAUTENGES LYCRA GEPRESSTE GEFAHR FÜR DIE GESELLSCHAFT?

DIE REALITÄT

MÜSSEN WIE ALLE LEUTE STEUERN BEZAHLEN

HABEN NULL VERTRAUEN IN RADWEGE, DIE KEINEN SCHUTZ VOR UNVORSICHTIGEN AUTOFAHRERN BIETEN

SIND VERÄNGSTIGT VON AUTO-FAHRERN, DIE IMMER WIEDER VIEL ZU DICHT ÜBERHOLEN

HABEN KEINE LUST AUF ÜBERFÜLLTE BUSSE UND BAHNEN UND WÜNSCHEN SICH NUR EINE SICHERE MÖGLICHKEIT DER FORTBEWEGUNG

EINFACH EINE GANZ NORMALE PERSON AUF DEM WEG ZU ARBEIT

HABEN EINE FAMILIE, DIE SIE LIEBT, UND WOLLEN HEILE ZU HAUSE ANKOMMEN

KAPITEL 8

INFRASTRUKTUR

SICHERER VERKEHRSRAUM FÜR RADFAHRER

NOTGEDRUNGENE ROUTENWAHL

MIT DEM FAHRRAD

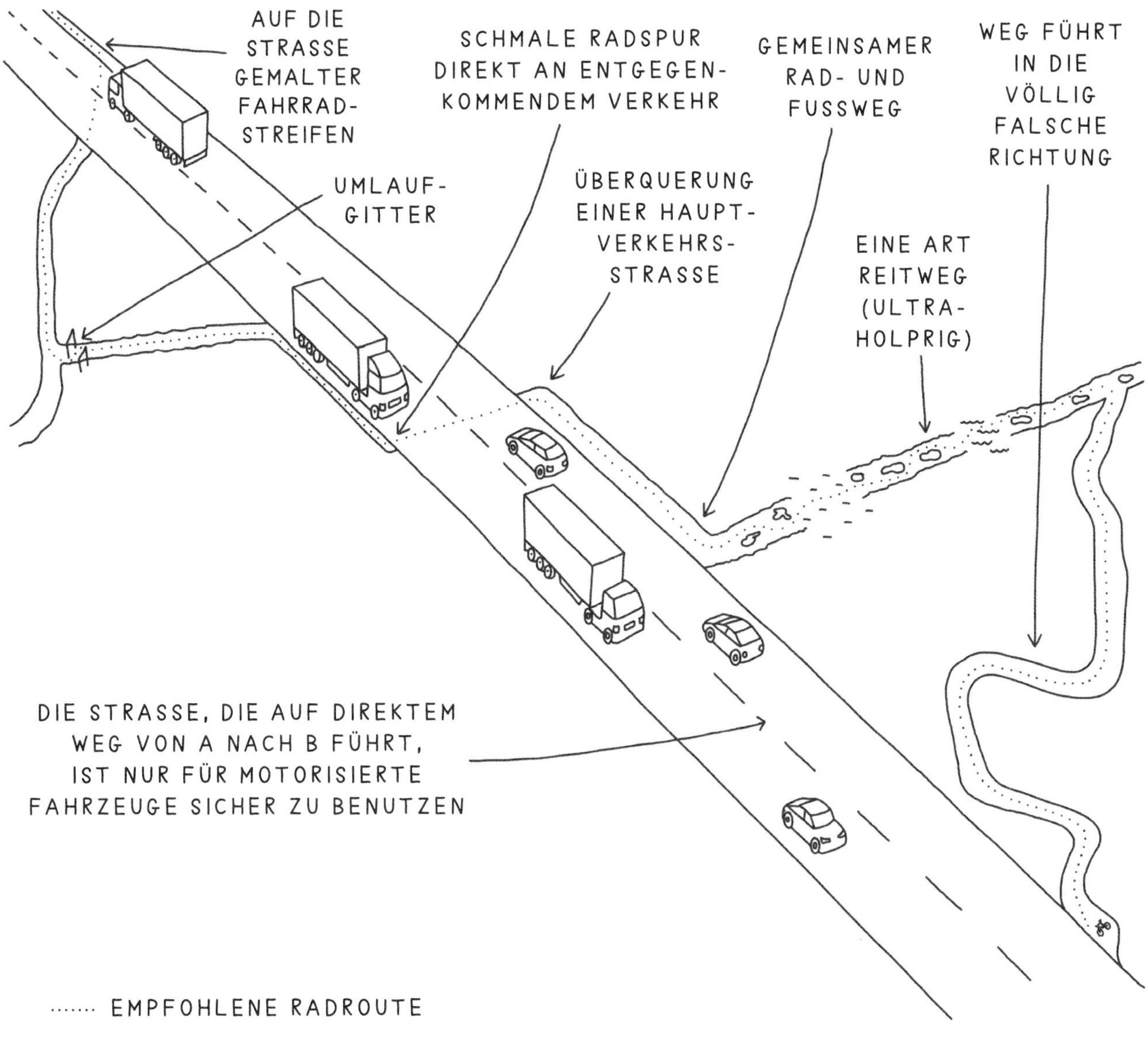

DER RADWEG

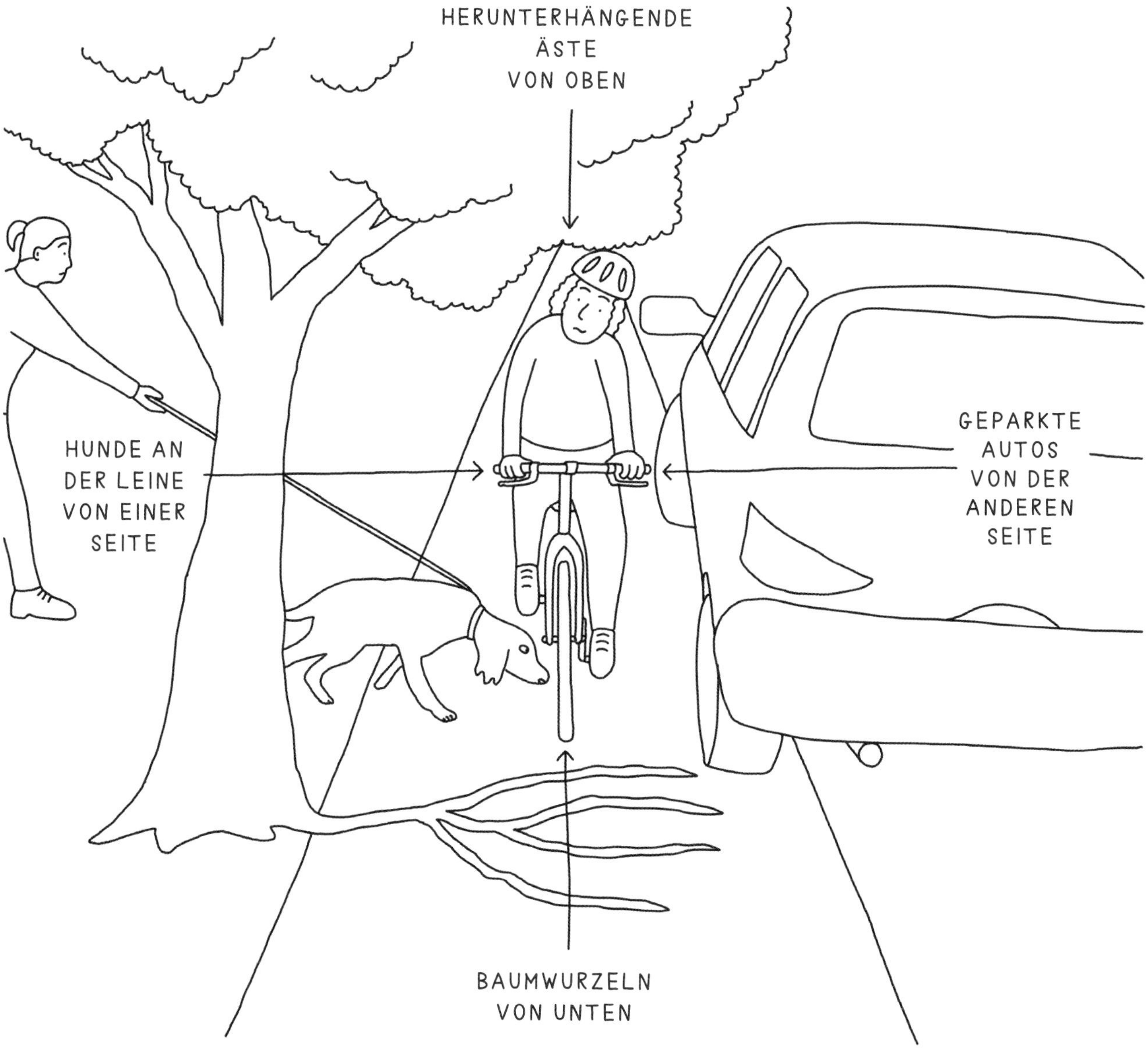
HERUNTERHÄNGENDE
ÄSTE
VON OBEN
HUNDE AN
DER LEINE
VON EINER
SEITE
GEPARKTE
AUTOS
VON DER
ANDEREN
SEITE
BAUMWURZELN
VON UNTEN

SCHLAGLÖCHER

EINE ART GRÖSSENTABELLE

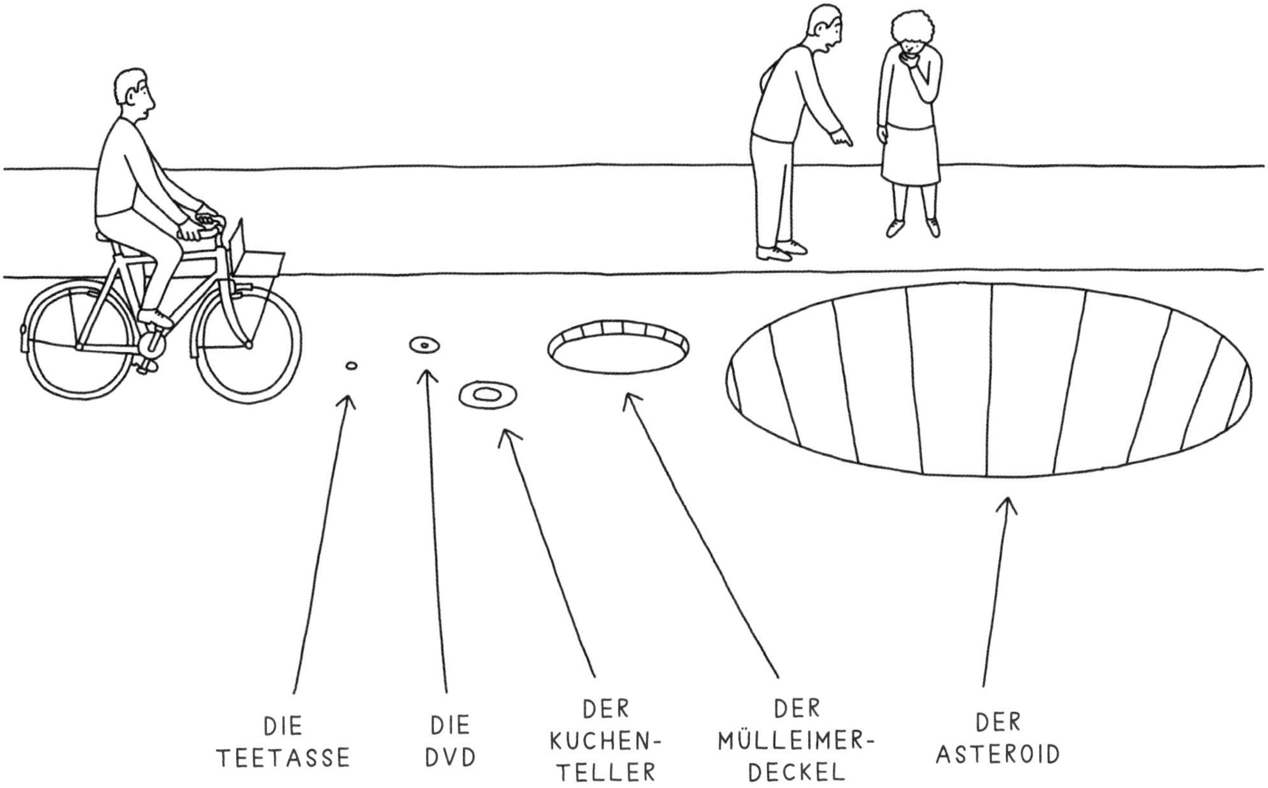

DAS RADVERKEHRSNETZ

WIE ES AUSSEHEN SOLLTE

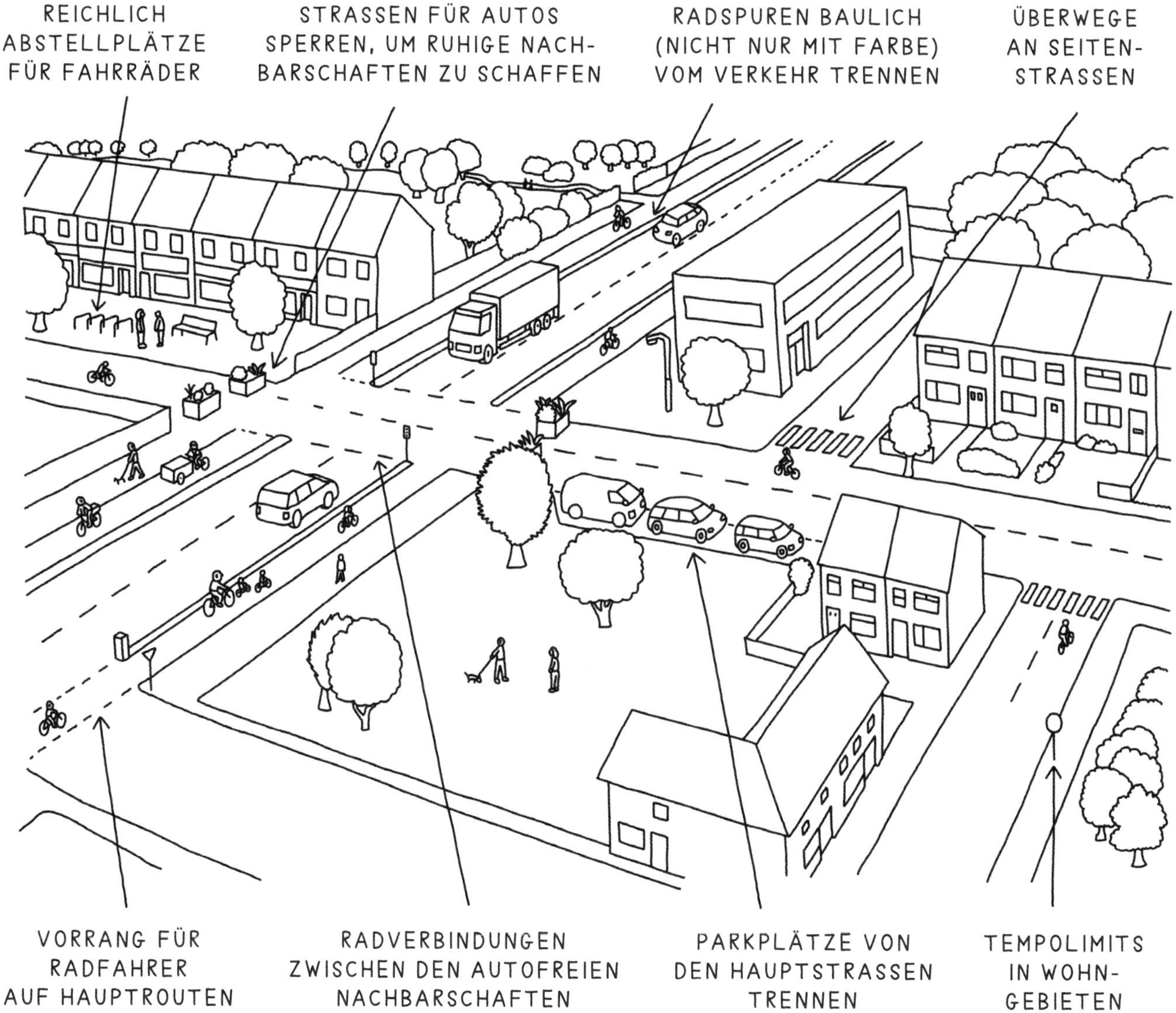

WEGE FÜR FAHRRADFAHRER

WARUM SIE VON LEUTEN GEPLANT WERDEN SOLLTEN,
DIE SELBST RAD FAHREN

FAHRRAD-INFRASTRUKTUR

DIE VERSCHIEDENEN AUSFÜHRUNGEN

KEINE: DIE LEUTE MÜSSEN AUF DER STRASSE FAHREN

RADFAHRER SIND UNVORSICHTIGEN UND AGGRESSIVEN AUTOFAHRERN SCHUTZLOS AUSGELIEFERT

VIELE LEUTE HABEN ANGST DAVOR, HIER ZU FAHREN

GEMEINSAMER RAD- UND FUSSWEG

GROSSES KONFLIKTPOTENZIAL DURCH DEN GESCHWINDIGKEITSUNTERSCHIED ZWISCHEN FUSSGÄNGERN UND RADFAHRERN – ZUM ÄRGER BEIDER

AUF DIE STRASSE GEPINSELTE WEISSE LINIE

OFT GEFÄHRLICHER ALS ÜBERHAUPT KEINE FAHRRADSPUR

AUTOFAHRER ÜBERHOLEN ZU DICHT

GESCHÜTZTER FAHRRADWEG

DIE LEUTE FÜHLEN SICH BEIM RADFAHREN SICHER

NICHT BEI JEDER NEBENSTRASSE ANHALTEN MÜSSEN: TRÄGT DAZU BEI, DASS RADWEGE GENUTZT WERDEN

GEMEINSAME RAD- UND FUSSWEGE

WIE MAN SIE VIELERORTS FINDET

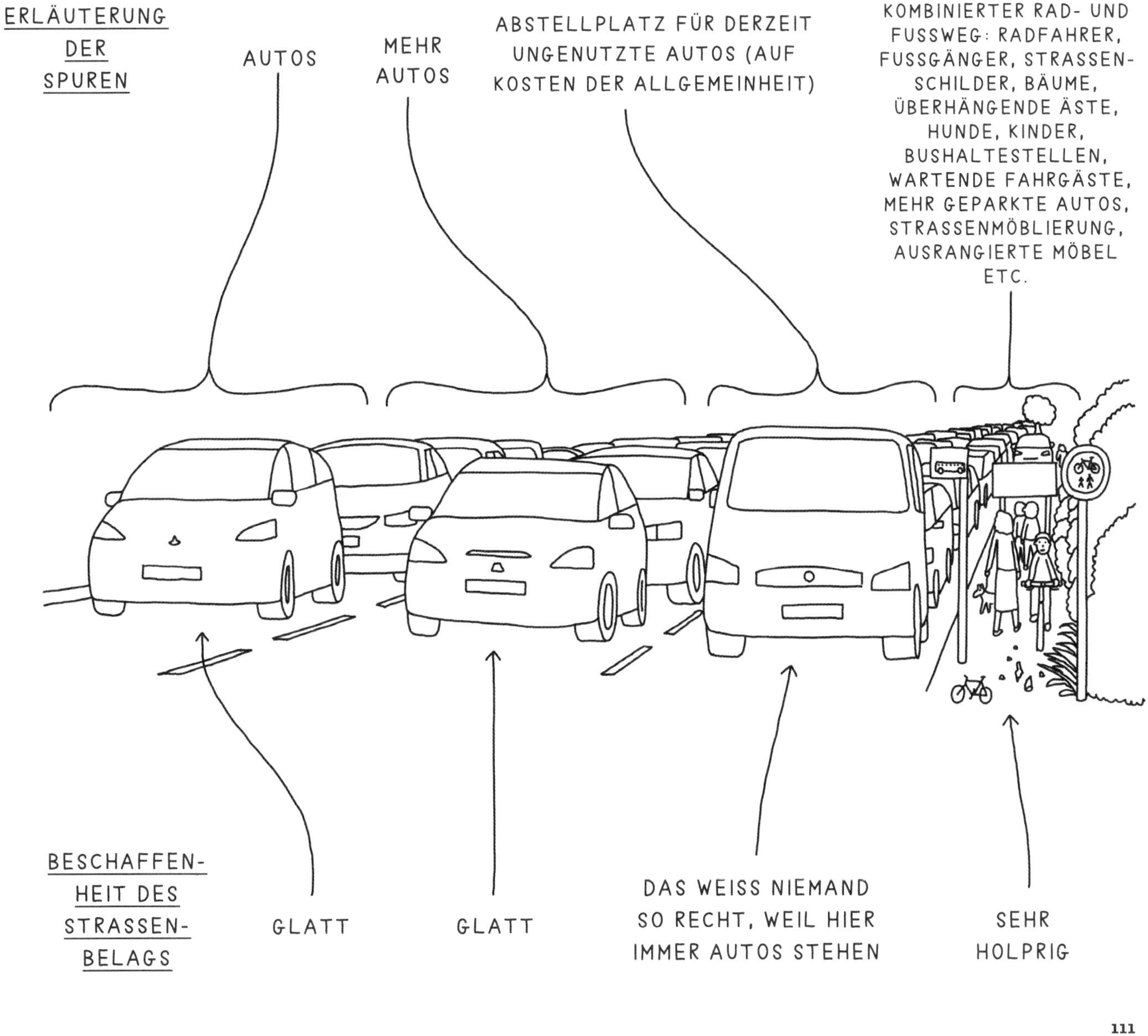

WEISSE FARBE

WIE MAN SIE VERSCHWENDEN KANN

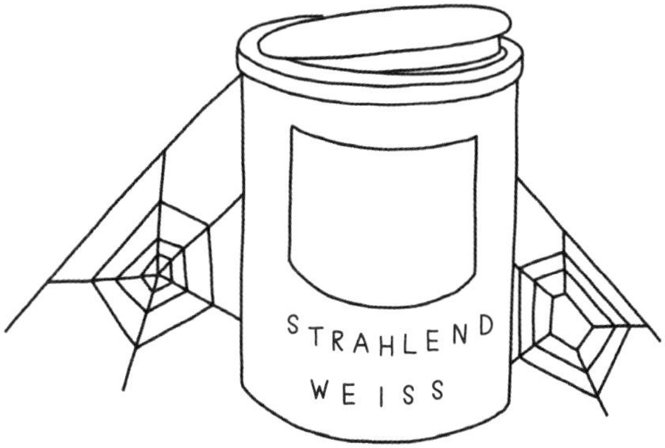

17 JAHRE LANG MIT NICHT RICHTIG GESCHLOSSENEM DECKEL IN DER GARAGE STEHEN LASSEN

DIE WÄNDE IM BASTELZIMMER DER KINDER NEU STREICHEN

UNGESICHERT AUF DER LADEFLÄCHE DES LIEFERWAGENS STEHEN LASSEN

EINEN FAHRRADSTREIFEN AUF DIE HAUPTFAHRBAHN DER STRASSE MALEN

AUTOFREIE WOHNGEBIETE

EINIGE WOHNSTRASSEN WERDEN FÜR DEN MOTORISIERTEN VERKEHR GESPERRT

WARUM MANCHE LEUTE AUTOFREIE WOHNGEBIETE SEHR SCHÄTZEN

SICHERE FAHRRAD- STRECKEN

MAN KANN DIE VÖGEL SINGEN HÖREN

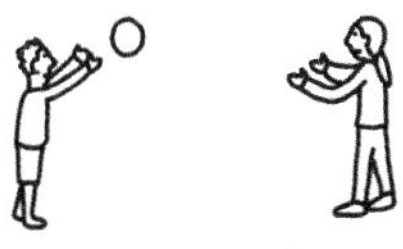

DIE KINDER KÖNNEN DRAUSSEN SPIELEN (WIE WIR FRÜHER)

WARUM ANDERE LEUTE KEINE AUTOFREIEN WOHNGEBIETE MÖGEN

WEIL SIE DIE PAAR METER ZUM BÄCKER MIT DEM AUTO FAHREN WOLLEN

GÄRTNERISCHE BEDENKEN

»ABER ICH BIN IMMER HIER DURCHGEFAHREN«

SCHILDER

ALTERNATIVEN ZU WENIG HILFREICHEN BESCHILDERUNGEN

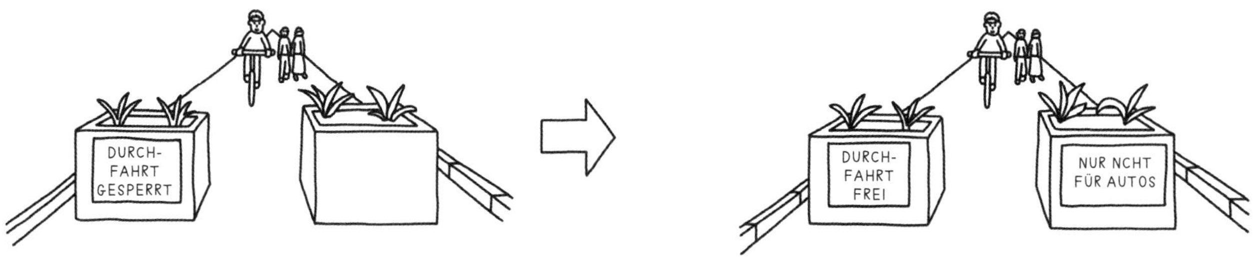

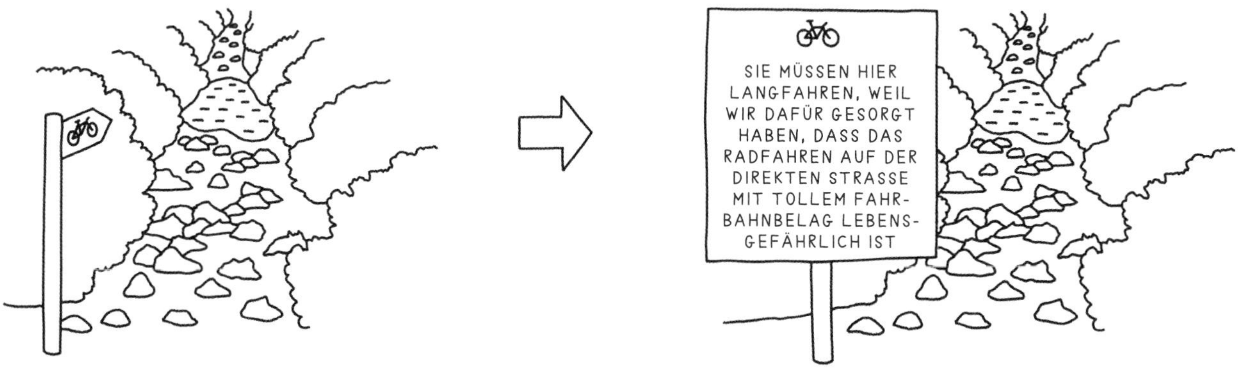

STADTPLANUNG

WENN NEUE WOHNGEBIETE ENTSTEHEN

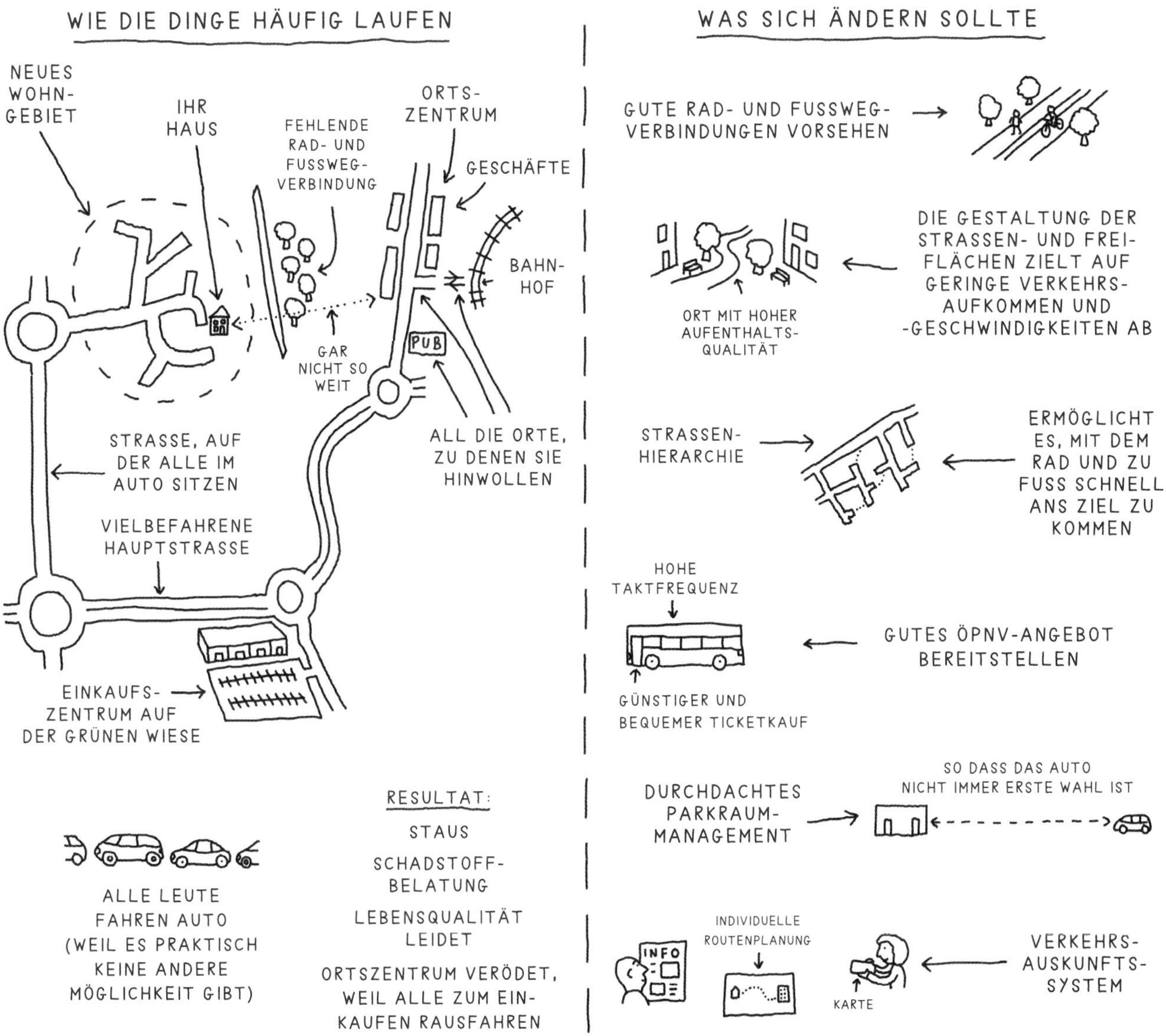

GUT AUSGEBAUTE RADWEGE

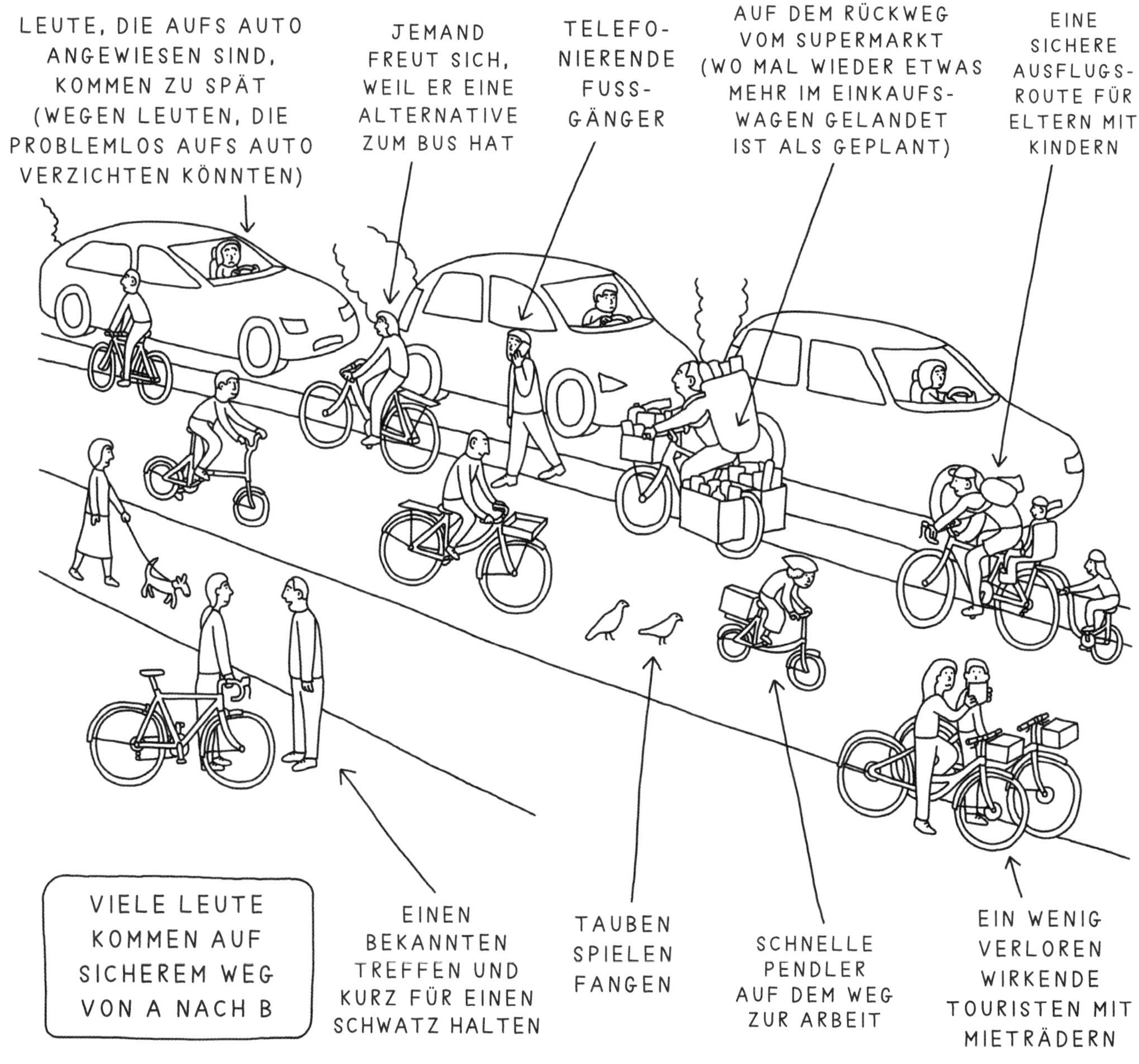

KAPITEL 9

POSITIVE WIRKUNG

WIE DAS RADFAHREN DIE WELT EIN KLEIN WENIG BESSER MACHT

CHANCEN UND MÖGLICHKEITEN

DIE DURCH DAS RADFAHREN ENTSTEHEN

RÄDER FÜR MENSCHEN
MIT HANDICAP

RIKSCHA-TOUREN
FÜR SENIOREN

DEN WEG ZUR ARBEIT NUTZEN,
UM WAS FÜR DIE FITNESS ZU TUN

EIN BEZAHL-
BARES FORT-
BEWEGUNGS-
MITTEL FÜR
MENSCHEN,
DIE ALLES
VERLOREN HABEN

FAHRRÄDER
FÜR FLÜCHTLINGE

SELBSTHILFE-
WORKSHOPS FÜR
RADFAHRER

RECYCLING-PROJEKTE BRINGEN
ALTE RÄDER AUF VORDERMANN

E-BIKES FÜR DIE MÜHELOSE
FAHRT BERGAUF

NEUE JOBS DURCH DEN
BOOMENDEN RADTOURISMUS

?

DIE MÖGLICHKEITEN
SIND UNBEGRENZT

SPORT ODER TRANSPORT?

	SPORT		TRANSPORT	
TEMPO	ZIEMLICH FIX		NICHT GANZ SO FIX	
SITZHALTUNG		RÜCKEN FAST WAAGERECHT	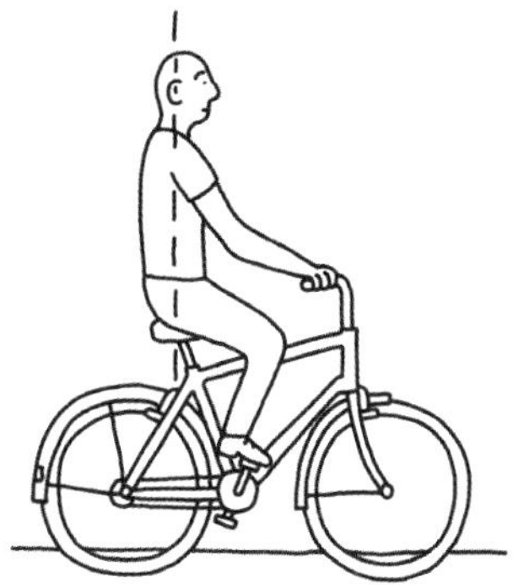	RÜCKEN HÄUFIG FAST SENKRECHT
KLEIDUNG	EINE REIHE SPEZIELLER KLEIDUNGSSTÜCKE		DIE NORMALEN KLAMOTTEN	
IST GESUND UND MACHT SPASS?	☑ JA		☑ JA	

ZUM RADFAHREN ERMUTIGEN

WAS KIRCHEN UND GEMEINDEN ZUR FÖRDERUNG DES RADVERKEHRS TUN KÖNNTEN

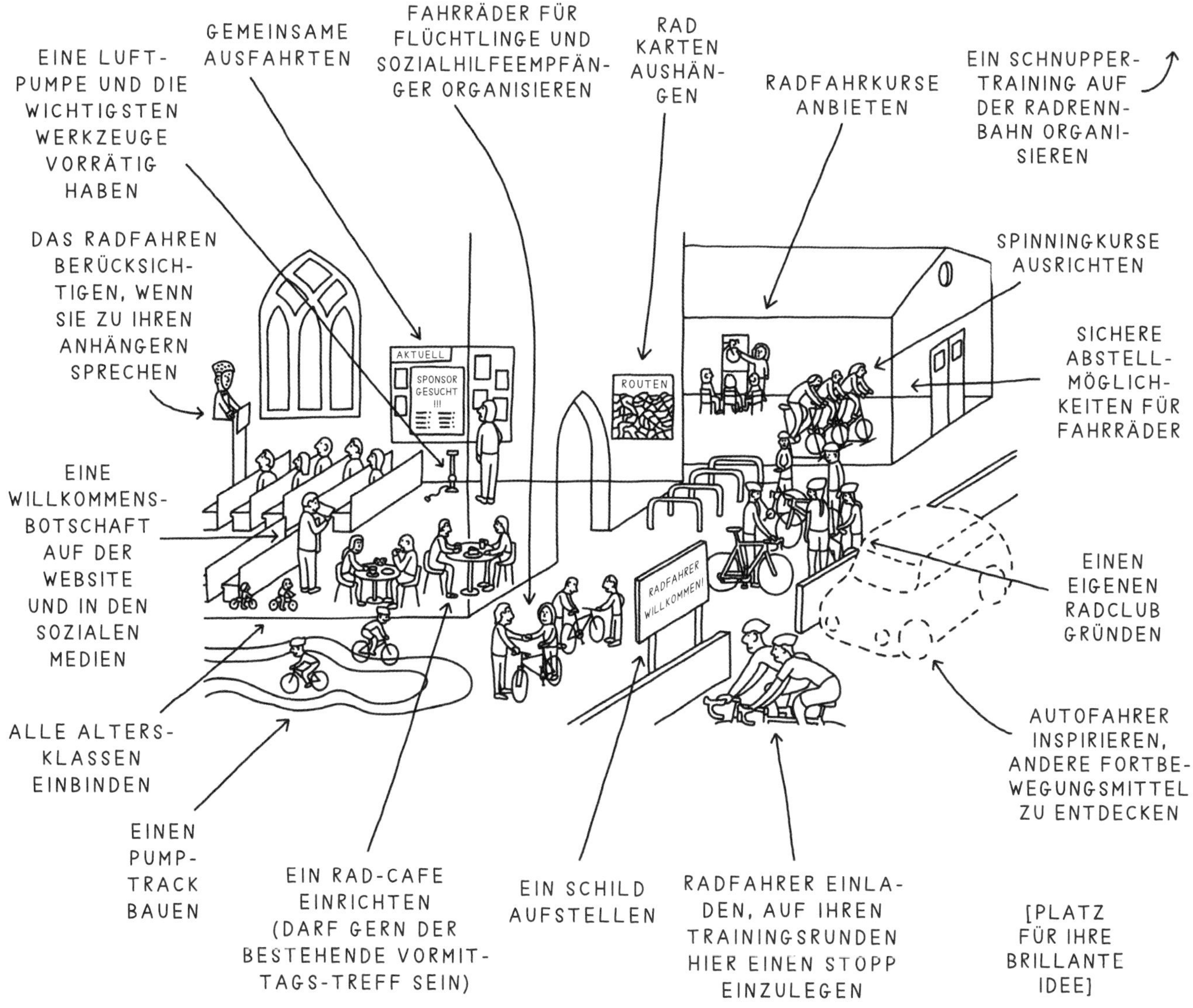

SOZIALE GERECHTIGKEIT

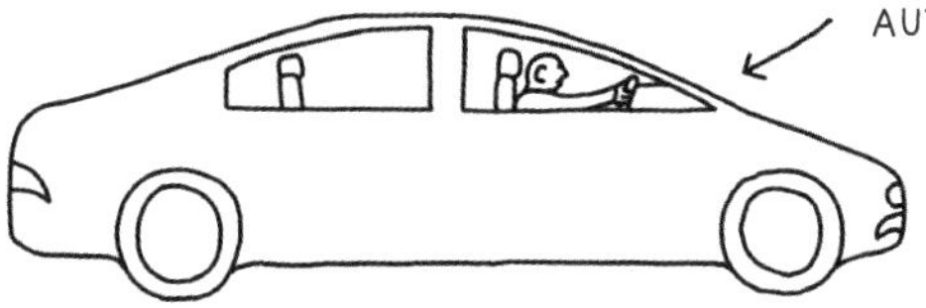

BEI LEUTEN MIT VIEL GELD IST DIE WAHRSCHEINLICHKEIT DEUTLICH HÖHER, DASS SIE EIN EIGENES AUTO BESITZEN...

... UND IN EINER RUHIGEN GEGEND WOHNEN – OHNE VIEL VERKEHR UND DIE BELASTUNGEN, DIE DARAUS RESULTIEREN

BEI LEUTEN MIT SCHLECHTER BEZAHLTEN JOBS IST DIE WAHRSCHEINLICHKEIT HÖHER, DASS SIE DEN ÖFFENTLICHEN PERSONENNAHVERKEHR BENUTZEN MÜSSEN (WAS DERZEIT NICHT OHNE RISIKEN IST*)

*AKTUELLE SITUATION IM MÄRZ 2021

AUTOS SIND TEUER

FAHRRÄDER KOSTEN ERHEBLICH WENIGER

JEDES SYSTEM, DAS DEM AUTO VORRANG GEGENÜBER DEM ÖPNV, FUSSGÄNGERN UND RADFAHRERN EINRÄUMT, BEVORTEILT DIE REICHEN UND BESTRAFT DIE ARMEN

WIR MÜSSEN EIN VERKEHRSSYSTEM SCHAFFEN, DAS ALLEN MENSCHEN NÜTZT

HELDEN DES VERKEHRSALLTAGS

WÄHREND EINER PANDEMIE

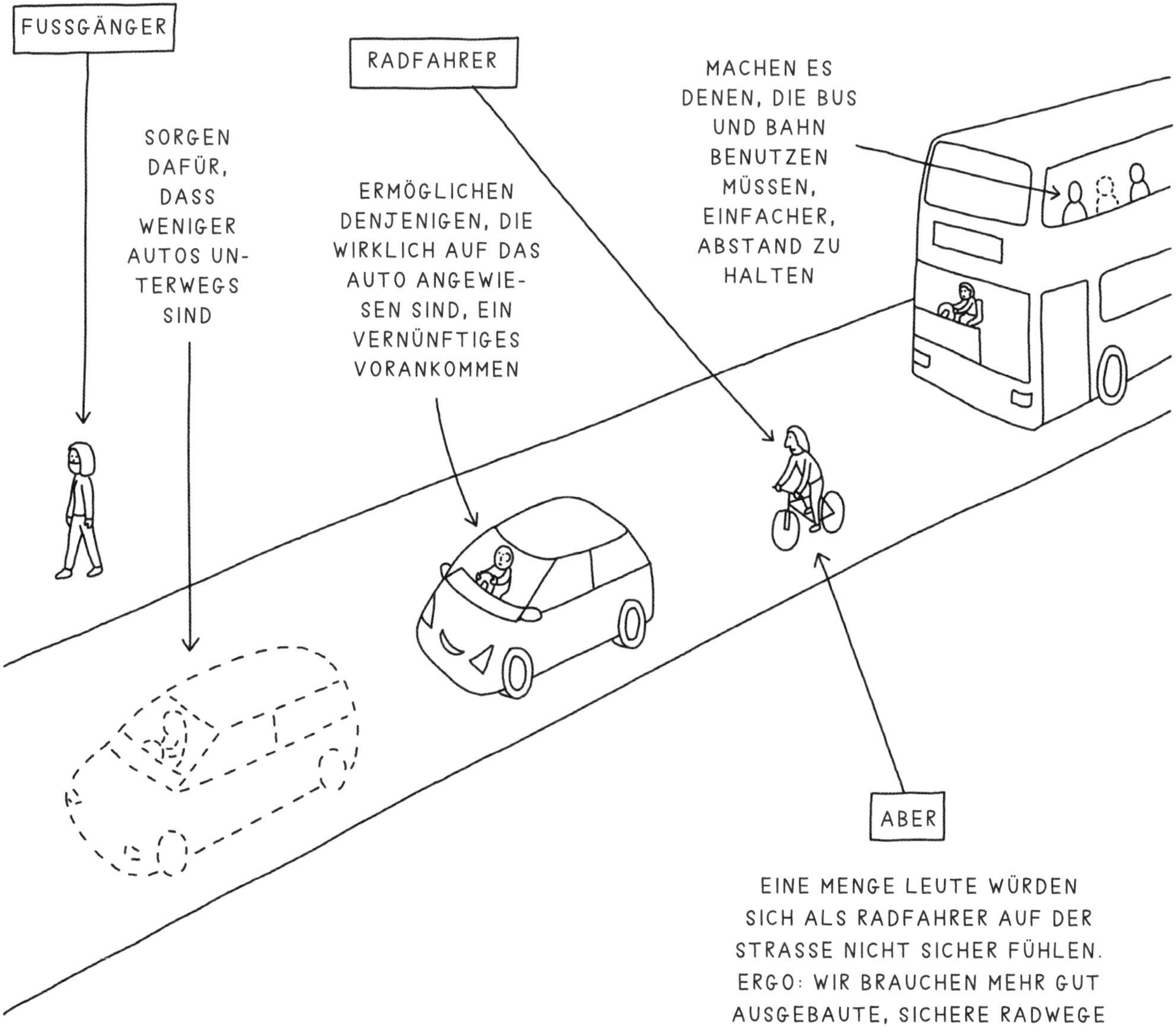

WAS WÜRDEST DU DENN TUN, DAVE?

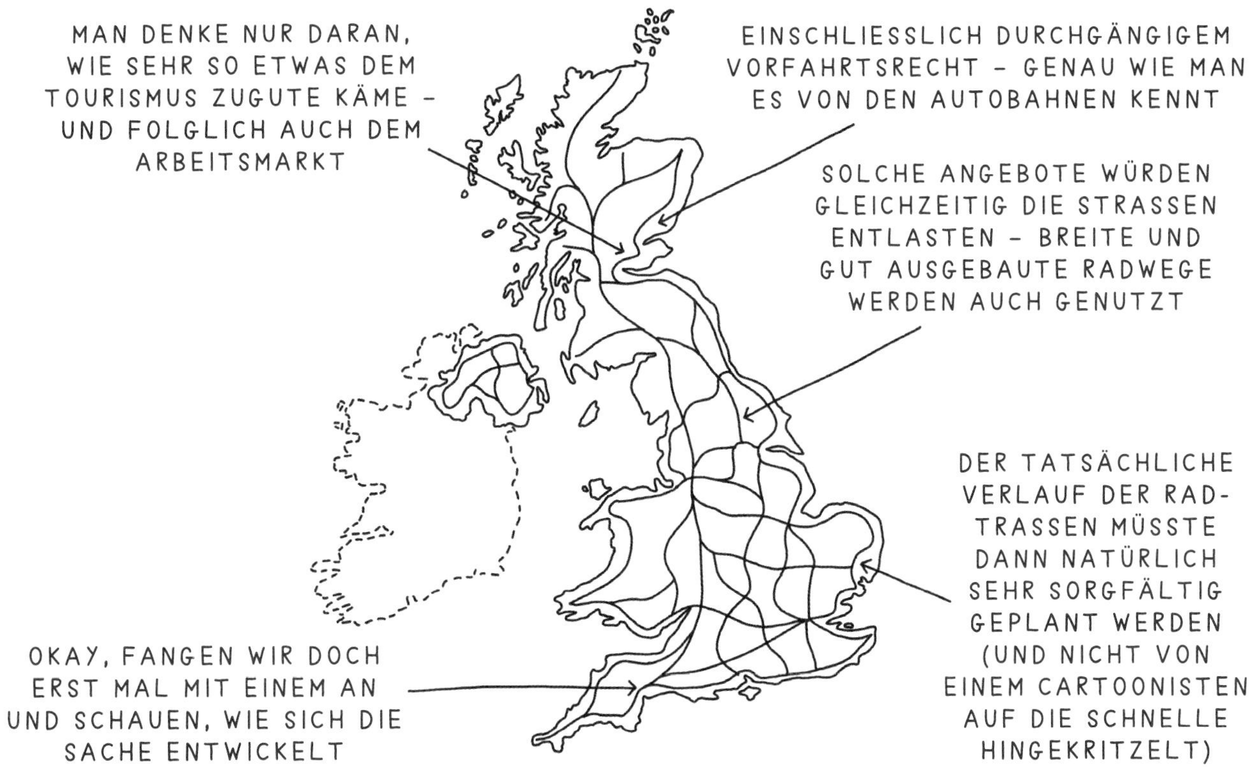

EINSATZ FÜR DEN RADVERKEHR

BEI EINEM EXPERTENTREFFEN AUFGESCHNAPPTE IDEEN UND STRATEGIEN

GUT AUSGEBAUTE RADWEGE LOBEN

AUF SCHLECHT GEPLANTE RADWEGE AUFMERKSAM MACHEN

ABER NICHT IMMER NUR MECKERN →

EIN RADWEG-KONZEPT AUSARBEITEN, UM DER GEMEINDEVERWALTUNG ZU HELFEN, DIE NOTWENDIGE FINANZIERUNG AUF DIE BEINE ZU STELLEN

DIE PERSONEN KENNENLERNEN, DIE IN IHRER GEMEINDE FÜR DEN RADVERKEHR ZUSTÄNDIG SIND (VERMUTLICH SIND DIESE LEUTE AUF IHRER SEITE)

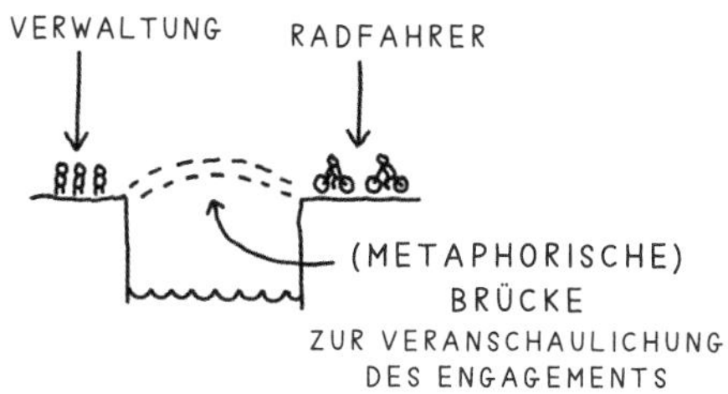

BREITE UNTERSTÜTZUNG ORGANISIEREN

EINE MÖGLICHKEIT IST DIE SCHAFFUNG EINER ÖRTLICHEN RADENTSCHEID-INITIATIVE (GOOGELN SIE Z.B. NACH »VOLKSENTSCHEID FAHRRAD«)

TUN SIE SICH MIT ANDEREN ZUSAMMEN, DIE DIESELBEN ZIELE HABEN...

... UND NUTZEN SIE DANN DIE UNTERSCHIEDLICHEN FÄHIGKEITEN INNERHALB DER GRUPPE

← WIE WÄRE ES MIT EINER SELBSTHLIFE-WERKSTATT (IN DER DIE LEUTE IHR IM SCHUPPEN VERSTAUBENDES FAHRRAD AUF VORDERMANN BRINGEN KÖNNEN)?

WIR RADFAHRER

WAS KÜNFTIG BESSER LAUFEN KÖNNTE

REPRÄSENTATION VON FRAUEN UND MENSCHEN MIT ANDERER HAUTFARBE

WER STEHT BEI VERANSTALTUNGEN AUF DER BÜHNE?

ÜBER WEN WIRD IN DEN RADMAGAZINEN BERICHTET?

FÜR MÄNNER?

FÜR FRAUEN?

SCHWARZ

PINK

MACHT EIN TIEFER EINSTIEG EIN FAHRRAD ZU EINEM »DAMENRAD«? (ANTWORT: NEIN)

WIE WERDEN FAHRRÄDER UND ANDERE FAHRRADPRODUKTE VERMARKTET?

RENNRÄDER UND MOUNTAINBIKES SIND NICHT DIE EINZIGEN FAHRRÄDER

HERVORRAGENDE RÄDER, ABER WAS IST MIT LASTENRÄDERN, HOLLANDRÄDERN, FALTRÄDERN ETC.?

KLEIDUNG, DIE AUCH NORMALEN MENSCHEN PASST, DIE EINE RADTOUR MACHEN WOLLEN

MIT ALL DEN PRAKTISCHEN TASCHEN, ABER NICHT HAUTENG GESCHNITTEN ODER KNALLBUNT (SO DASS MAN ES ÜBERALL TRAGEN KANN)

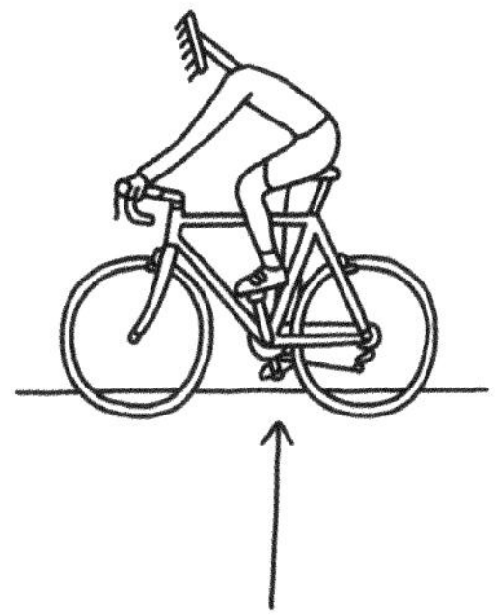

WIR HABEN NICHT ALLE DEN KÖRPERBAU EINES RECHENS

RADFAHREN WIRD ALS GANZ NORMALE, ALLTÄGICHE AKTIVITÄT ANGESEHEN UND NICHT NUR ALS SPORT

UNSERE INNENSTÄDTE

WIE SIE AUSSEHEN KÖNNTEN

NACHMITTÄGLICHE RADTOUR AM FLUSS

UNTERWEGS ZUM VHS-ANFÄNGERKURS TIERPRÄPARATION

MIT DEM FALTRAD DEN FAHRSTUHL IM X-TEN STOCKWERK ERWISCHEN

AUF DEM WEG, UM DIE RENNMAUS ZU FÜTTERN

DIE AUSSTELLUNG DER ABSTRAKTEN EXPRESSIONISTEN WIRD ERÖFFNET

ZU SPÄT ZUM DATE

ZIG LÄDEN ABKLAPPERN, UM DIE PERFEKTE GLÜCKWUNSCHKARTE ZUM 17. HOCHZEITSTAG ZU FINDEN

HEUTE ABEND IST DIE JHV DES BAUCHREDNERVERBANDS

DIE REVOLUTION

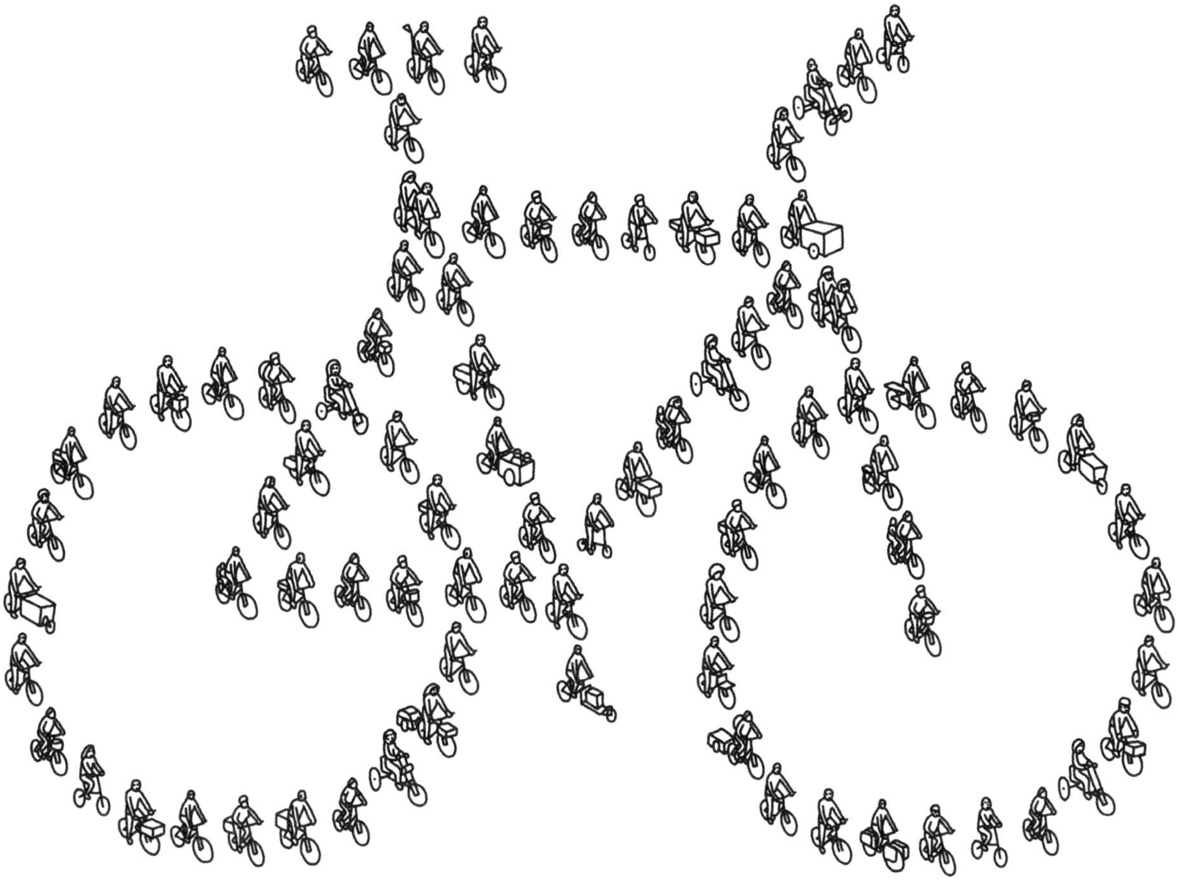

WILLKOMMEN IN DER FAHRRAD-REVOLUTION.
VIEL VERGNÜGEN, GENIESSEN SIE DIE FAHRT!

DANKSAGUNG

Ich habe die Arbeit an »Von A nach B« bereits 2019 begonnen, aber der Großteil des Buches entstand während des Lockdowns im Jahr 2020 (als ich ansonsten kaum etwas geschafft habe, mit Ausnahme vielleicht von ein bisschen Wäschewaschen). Das war nicht die einfachste Zeit, um irgendetwas zu erledigen, und deshalb möchte ich allen danken, die dabei mitgeholfen haben.

Ein großes Dankeschön an Charlotte Croft vom Verlagshaus Bloomsbury, die das Potenzial eines Buches mit Zeichnungen über das Fahrrad als Verkehrsmittel erkannt hat und das Projekt durch nicht immer ganz einfaches Fahrwasser geführt hat. Ebenso danke ich Sarah, Zoë und allen anderen Mitarbeiterinnen und Mitarbeitern bei Bloomsbury, die hinter den Kulissen an diesem Buch gearbeitet haben.

Viele Menschen haben mir mit Ideen und allgemeinem Zuspruch geholfen. Zuallererst möchte ich meiner Familie für ihre Liebe und Unterstützung danken. Ebenso den Mitgliedern meiner streng geheimen Ideensammelgruppe und all jenen, die mir auf verschiedene Weise Anregungen und Inspiration geliefert haben. Namentlich sind dies (in zufälliger Reihenfolge): Alastair Jones, Heather Simmons, Jayne Manfredi, John Cooper, Karen Chalk, Naomi James, Steven Buckley, Tim Hall, Dave Prosser, Steve Tomkins, Matt Hill, Clare Lissaman, Kate Wareham, Ross Wintle, David Preece, Rach Gallant, Trudi Murray, Gary Alderson, Caroline Beckett, Frances Bell, Mark Newitt, Malcolm Mackinnon, Elwin Cockett, Sara Batts-Neale, Katya Tune, Dave Warnock, Julia Wallond, Nigel Brown, Tom Wateracre, Sarah Dean, David Perry, Philip Ritchie, Matt King, Andrew Graystone, Becki Cox, Richard Long, Hannah Leverett, Rosie Rutherford, Elly Mckay-Smith, Ian Sheppard, Clare Causier und die Gemeinde der Fishermen's Chapel in Leigh-on-Sea. Eine besondere Erwähnung verdient Bex Lewis, die mich immer wieder ermutigt und mir mit Begeisterung neue Ideen geschickt hat. Es gibt bestimmt jemanden, den oder die ich vergessen habe aufzuzählen, wofür ich mich herzlich entschuldige.

Die überwiegende Mehrheit der Cartoons wurde eigens für dieses Buch gezeichnet, aber den folgenden Medien und Organisationen, die die Originalversionen einiger Zeichnungen in Auftrag gegeben haben, gilt gesonderter Dank: *Guardian Cities* für »Warum wir das Radfahren lieben«, »Das urbane Peloton«, »Radfahren bei jedem Wetter«, »Radfahren in der Stadt«, »Innovationen«, »Was Radfahren sicherer macht« und »Gemeinsame Rad- und Fußwege«; Cycling UK für »Sicherheit im Straßenverkehr« und »Wege für Fahrradfahrer«; Landor Links für »Einsatz für den Radverkehr«; Landor Links und Duncan Dollimore von Cycling UK für »Stadtplanung« und The Church of England Diocese of Manchester für »Zum Radfahren ermutigen«.

Ich danke den Menschen, die dieses Buch inspiriert haben: Chris Boardman für seinen unermüdlichen Einsatz für das Radfahren, Peter Walker für das großartige Buch »Bike Nation« und allen, die sich auf lokaler und nationaler Ebene für das Radfahren engagieren, für ihre Arbeit, die uns hilft, sicher mit dem Fahrrad von A nach B zu kommen.

Der größte Dank von allen gilt meiner Frau Charlotte, die mir in jeder Phase beim Inhalt des Buches geholfen hat, die geduldig ertragen hat, wie ich versuchte, es während des Lockdowns fertigzustellen, und die während des gesamten Entstehungsprozesses einen unverzichtbaren Beitrag geleistet hat.

Danke, dass Sie dieses Buch gekauft haben – ich hoffe, es gefällt Ihnen. Viel Freude beim Radfahren!